Arčana

s českým překladem

Mata Amritanandamayi Center
San Ramon, Kalifornie, Spojené státy americké

Arčana

Vydal:
Mata Amritanandamayi Center, P.O. Box 613
San Ramon, CA 94583, Spojené státy americké

Archana Book (Czech)

První vydání: duben 2020

V České republice:
cz.amma.org czech@amma.org
facebook.com/amma.cz

V Indii:
www.amritapuri.org
inform@amritapuri.org

Tyāgenaike amṛtatvamānaśuḥ

Jedině odříkáním lze dosáhnout nesmrtelnosti

(Kaivalya upanišáda)

Obsah

Přínos arčany

“Arčana přináší štěstí do rodinného života a mír světu. Odstraňuje následky minulých pochybení. Získáme sílu porozumět Pravdě a žít podle ní. Obdržíme dlouhý život a bohatství. Atmosféra se očistí.

Při recitaci Lalita Sahasranamam se aktivuje energie ve všech nervech našeho těla. Tato púdža odstraní veškeré problémy pocházející z nespokojenosti našich předků nebo z negativních reakcí. Pokud recitujete arčanu, není nutné, abyste prováděli další rituály za účelem odstranění negativity.

Modlitba s vírou a důvěrou má sílu transformovat jakoukoli negativní energii. Ničeho se nebojte.

V životě každého se samozřejmě občas vyskytují náročná období; ta však nepochází z žádných zlých záměrů, které by někdo vůči nám činil.

Nenechte se tím zmást. Ti, kteří provádějí tuto praxi, nemusí hledat nikde jinde. Vše negativní bude odstraněno.”

–Amma

Mānasa Puja

Adorace Boha v jeho konkrétní podobě tak, jak o ní hovoří Amma

Pohodlně se usaďte, napřimte páteř a snažte se pocítit hluboký klid, který vás zcela naplní. Dvě až tři minuty zvolna a zhluboka dýchejte. Se zavřenýma očima zazpívejte třikrát slabiku óm. Představujte si, že zvuk óm stoupá od středu břicha až na vrchol hlavy k bodu zvanému *sahasrára*. Současně si představujte, jak vás opouštějí vaše negativní sklony a zlé myšlenky. Obraťte svou pozornost k Bohu a s láskou a slzami v očích vyslovte „Ammo, Ammo!“. Představte si, že Božská Matka stojí před vámi, usmívá se a soucitně se na vás dívá. Vychutnávejte Její krásu, až se podrobně otiskne do vaší mysli. Pokloňte se v duchu Božské Matce k nohám ozdobeným květy lotosu a vnímejte, jak se jich čelem dotýkáte. Modlete se: „Matko, Ty jsi mým útočištěm. Jsi má jediná Pravda a má jediná trvalá opora. Jen

Ty mi můžeš dát pravý pokoj a pravou radost. Nenechávej mě samotného/ samotnou, neopouštěj mě!“

Přeneste představu Božské Matky na své dlaně. Nechejte se prostoupit soucitnými paprsky, jež vyzařují z Matčiných očí. Pak si přejeďte dlaněmi po tváři a seshora dolů po celém těle. Představujte si, jak do vás vstupuje božská energie a jak vás opouští všechno negativní a útrpné. Přitom stále neslyšně opakujte: „Ammo, Ammo, Ammo! Neodcházej pryč! Neopouštěj mě!“

Nyní ve svých představách Božskou Matku omyjte. Pomalu Jí nalijte vodu na hlavu a pozorujte, jak voda stéká po každé části Jejího těla až k chodidlům. Pak plamenem svíčky očistěte přichystané dary (mléko, ghí, med, santálovou pastu a růžovou vodu) a obětujte je Matce. S každým nabídnutým darem si uvědomte Její božskou krásu. Pětice darů očištěných ohněm symbolizuje vaši mysl, kterou Matce po očistě odevzdáváte.

Poté vykonejte stejný rituál s posvátným popelem *vibhuti*. Sledujte, jak se Jí zvolna snáší k nohám. Nakonec Matku zasypte sprškou květů a obřadním ubrouskem Jí osušte tvář i tělo. Oblečte Ji do půvabného sárí, jako byste oblékali své dítě. Modlete se: „Matko, přijď do mého srdce! Bez Tebe nedokážu kráčet po správné cestě!“

Navoňte Matku parfémem, ozdobte Ji šperky – náušnicemi, náhrdelníkem, opaskem, nákotníky a dalšími. Potřete Jí čelo *kumkumem*, pastou z šafránu. Na hlavu jí dejte korunu vykládanou drahými kameny a kolem krku Jí pověste girlandu z květů. S pocitem štěstí se na Matku zadívejte a těšte se pohledem na Ni. O všem s Ní jako dítě mluvte. Modlete se: „Matko, jsi čistá Láska. Nezasloužím si Tvou milost. Vím, jak je vše, co si osobuji, ošklivé. Přesto Tě prosím, buď mi oporou! Buď se mnou! Jsi nejčistší řekou, já zapáchající bažinou. Očisti mě svou vodou, přivři oči nad mými nedostatky a odpusť mi mé chyby.“

Santálovou pastou napište Matce na nárty znak óm. Pak Ji třikrát po sobě zasypte květy a v duchu odříkejte úvodní část adorace *dhjána slóka*. Začněte recitovat *arčanu*, tisíc jmen Božské Matky. Pokud se účastníte recitace ve skupině, opakujte po každém jméně óm parášaktí namaha. Při každém jméně Matce v duchu nabídněte květinu ze svého srdce a položte ji k Jejím nohám. Květina symbolizuje vaše čisté srdce.

Po skončení obřadu setrvejte několik minut v tichosti a představujte si, jak božské vibrace prostupují celou vaší bytostí. Poté Matce nabídněte sladký pudink a představujte si, jak ho jí. Obětovaný pokrm *najvedja* symbolizuje vaši čistou lásku k Bohu. Jestliže umíte zpívat, věnujte Matce jednu píseň a představujte si, že Matka při jejím poslechu tančí. Přidejte se k Ní. Uprostřed zábavy vás však Matka najednou opouští a utíká pryč. Běžte za Ní a chyťte Ji. S pláčem Jí povězte: „Matko, proč mě opouštíš? Proč mě chceš nechat samotného v tomto lese samsáry? Cožpak nevidíš, jak mě pohlcují plameny světských přání a vášní? Přijď mě zachránit!" Matka se konečně zastaví, rozevře náruč a zavolá na vás. Rozběhněte se k Ní a obejměte Ji. Posaďte se Jí na klín. Neostýchejte se, chovejte se jako dítě ke své matce. Pohlaďte Ji, zatahajte Ji za vlasy. Řekněte Jí, aby vás už nikdy takto neškádlila. Svěřte se Jí se vším, co vás trápí, čeho se bojíte. Přikažte Jí, že už vás nikdy nesmí opustit. Modlete se: „Matko, odevzdávám se Ti. Učiň ze mě dokonalý nástroj Tvé vůle. Nepřeji si nic z tohoto světa. Mám jediné přání – rozjímat o Tvé božské podobě a pobývat ve Tvé společnosti. Dej mi oči, které neuvidí nic než Tvoji krásu. Dej mi mysl, která bude soustředěna jen na Tebe. Kéž se Tvá vůle stane mou vůlí, Tvé myšlenky mými myšlenkami, Tvá slova mými slovy! Ať vše, co dělám, včetně jídla a spánku, má jen jediný cíl: splynout s Tebou v Jedno! Naplň mě stejným odříkáním a láskou, jakými sama oplýváš!" Během celé adorace se vnitřně soustřeďte na podobu Božské Matky.

Pak před Matkou, jež vás s úsměvem sleduje, opište olejovou lampou několik kruhů. Představte si, že Jí nabízíte své dobré i špatné vlastnosti, že Jí odevzdáváte celou svou bytost. Proveďte rituál *pradákšina* (třikrát Matku obejděte) a pokloňte se Matce k nohám s modlitbou: „Matko vesmíru, jsi mým jediným útočištěm. Odevzdávám se Ti!“

Pak odříkejte mantry přinášející upokojení: *asatoma sadgamaja, lokah samastah, purnamada purnamidam*. Naposledy si Matku v duchu představte. Její srdce přetéká pokojem a spokojeností. Pokloňte se Jí i místu, kde jste seděli. Tím pudžu zakončíte. Pokud je to možné, setrvejte ještě několik minut v meditaci na Matčinu podobu.

Óm šánti, šánti, šánti! Óm, Svatý pokoj!

Mātā Amṛtānandamayi Aṣṭottara Śata Nāmāvali

Sto osm jmen Matky Amritánandamají

dhyāyāmo dhavalāvaguṇṭhanavatīṁ
tejomayīm naiṣṭhikīṁ

Ve své meditaci se obracím k Tobě, Matko Amritándamají jež jsi oděna do bílého šatu, jež jsi plná jasu a navždy zakotvená v Pravdě!

snigdhāpāṅga vilokinīm bhagavatīṁ
mandasmita śrī mukhīṁ

K Tobě, jež si svým láskou rozzářeným pohledem vše podmaňuješ, jež oplýváš šestmi božskými vlastnostmi, k Tobě, s tváří rozněžněnou zářivým úsměvem, z níž prýští naděje!

vātsalyāmṛta varṣiṇīm sumadhuraṁ saṅkīrtanālāpinīṁ

K Tobě, přesladký prameni lásky, jež nikdy nevyschneš! K Tobě, slavíku boží, jehož zpěv naplňuje mé srdce radostí!

śyāmāṅgīṁ madhu sikta sūktīṁ amṛtānandātmikām īśvarīṁ

K Tobě, s pletí barvy dešťových mračen, jejíž slova jsou nasáklá medem! Jsi ztělesněním nesmrtelné blaženosti a Nejvyšší Bohyní!

1. Om pūrna-brahma-svarūpinyai namaḥ

... Tobě, jež jsi dokonalým projevem Nejvyšší Pravdy.

2. Om saccidānanda-mūrtaye namaḥ

... Tobě, jež jsi ztělesněním Bytí, Vědomí a Blaženosti.

3. Om ātmā-rāmāgraganyāyai namaḥ

... Tobě, nejvyšší mezi těmi, kdož radostně setrvávají ve své Božské Přirozenosti.

4. Om yoga-līnāntarātmane namaḥ

... Tobě, jejíž duše (*átmán*) se nachází ve stavu jednoty s *brahma* (základem všeho).

5. Om antar-mukha-svabhāvāyai namaḥ

... Tobě, jež svou pozornost přirozeně obracíš do nitra.

6. Om turya-tuṅga-sthalījjuṣe namaḥ

... Tobě, jež přebýváš na nejzazší hladině vědomí nazývané *turja*.

7. Om prabhā-mandala-vītāyai namaḥ

... Tobě, jíž obklopuje božské světlo.

8. Om durāsada-mahaujase namaḥ
... Tobě, jíž se nic nerovná.

9. Om tyakta-dig-vastu-kālādi sarvāvacceda-rāśaye namaḥ
... Tobě, jež překračuješ hranice prostoru, hmoty i času.

10. Om sajātīya-vijātīya-svīya-bheda-nirākrte namaḥ
... Tobě, v níž se snoubí všechny odlišnosti.

11. Om vāṇī-buddhi-vimṛgyāyai namaḥ
... Tobě, jíž slovy ani myšlením nelze porozumět.

12. Om śaśvad-avyakta-vartmane namaḥ
... Tobě, jejíž cestu nelze ani na okamžik vytyčit.

13. Om nāma-rūpādi-śūnyāyai namaḥ
... Tobě, jež nemáš jméno ani tvar.

14. Om śūnya-kalpa-vibhūtaye namaḥ
... Tobě, jež nepřikládáš jógickým schopnostem žádný význam.

15. Om ṣaḍaiśvarya-samudrāyai namaḥ

... Tobě, jež ztělesňuješ šest božských kvalit (moc, odvaha, citová odpoutanost, sláva, příznivost, moudrost).

16. Om dūrī-kṛta-ṣaḍ-ūrmaye namaḥ

... Tobě, jež jsi překročila šest životních proměn (zrození, existence, růst, změna, úpadek a zánik).

17. Om nitya-prabuddha-saṁśuddha-nirmuktātma-prabhāmuce namaḥ

... Tobě, z níž vyzařuje světlo *átmánu*, jež je věčné, uvědomělé, ryzí a neomezené.

18. Om kāruṇyākula-cittāyai namaḥ

... Tobě, jejíž srdce přetéká milostí.

19. Om tyakta-yoga-suṣuptaye namaḥ

... Tobě, jež si odříkáš jógický spánek.

20. Om kerala-kṣmāvatīrnāyai namaḥ

... Tobě, narozené v zemi kéralské.

21. Om mānuṣa-strī-vapurbhṛte namaḥ

... Tobě, jež máš tělo ženy.

22. Om dharmiṣṭha-sugunānanda-damayantī-svayam-bhuve namaḥ
... Tobě, z vlastní vůle dcero počestného Sugunánandy a ctnostné Damajantí.

23. Om mātā-pitṛ-cirācīrṇa-puṇya-pūra-phalātmane namaḥ
... Tobě, jež ses rodičům narodila díky ctnostným skutkům, které po řadu životů vykonávali.

24. Om niśśabha-jananī-garbha-nirgamēdbhuta-karmaṇe namaḥ
... Tobě, jež ses narodila s úsměvem na rtech.

25. Om kālī-śrī-krṣna-sankāśa-komala-śyāmala-tviṣe namaḥ
... Tobě s půvabně tmavou pletí, připomínající bohyni Kálí a Krišnu.

26. Om cira-naṣṭa-punar-labdha-bhārgava-kṣetra-sampade namaḥ
... Tobě, ztracený a znovunalezený kéralský poklade.

27. Om mṛta-prāya-bhṛgu-kṣetra-punar-uddhita-tejase namaḥ
... Tobě, živote Kéraly, jež byla na pokraji zániku a nyní znovu ožívá.

28. Om sauśīlyādi-guṇākṛṣṭa-jaṅgama-sthāvarālyae namaḥ
... Tobě, jež k sobě svými vznešenými vlastnostmi a příkladným chováním přitahuješ vše stvořené.

29. Om manuṣya-mṛga-pakṣyādi-sarva-saṁsevitāṅghraye namaḥ
... Tobě, jejíž chodidla chovají lidé, zvířata, ptáci a všichni další v posvátné úctě.

30. Om naisargika-dayā-tīrtha-snāna-klinnāntarātmane namaḥ
... Tobě, jejíž duše se koupe v posvátných vodách řeky milosrdenství.

31. Om daridra-janatā-hasta-samarpita-nijāndhase namaḥ
... Tobě, jež jsi obdarovávala svým jídlem chudé.

32. Om anya-vaktra-pra-bhuktānna-pūrita-svīya-kukṣaye namaḥ
... Tobě, již sytí pouhý pohled na ty, kdož jedí.

33. Om samprāpta-sarva-bhūktātma-svātma-sattānubhūtaye namaḥ
... Tobě, jež jsi poznala, že Tvá duše je totožná s duší všech bytostí.

34. Om aśikṣita-svayam-svānta-sphurat-kṛṣṇa-vibhūtaye namaḥ
... Tobě, jež jsi o Krišnovi sama vše věděla.

35. Om acchinna-madhurodāra-kṛṣṇa-līlānusandhaye namaḥ
... Tobě, jež jsi bez ustání rozjímala o Krišnových kratochvílích.

36. Om nandātmaja-mukhāloka-nityotkaṇṭhita-cetase namaḥ
... Tobě, jež jsi neustále toužila pohlížet na tvář Nandova syna (Krišny).

37. Om govinda-viprayogādhi-dāva-dagdhāntarātmane namaḥ
... Tobě, již spaloval žár agónie pramenící z oddělenosti od Góvindy (Krišny).

38. Om viyoga-śoka-sammūrcchā-muhur-patita-varṣmane namaḥ
... Tobě, jež jsi žalem z domnělé odloučenosti od Krišny často upadala do bezvědomí.

39. Om sārameyādi-vihita-śuśrūṣā-labdha-buddhaye namaḥ
... Tobě, již psi a jiná zvířata přivedli zpět k vědomí.

40. Om prema-bhakti-balākṛṣṭa-prādur-bhāvita-śārṅgiṇe namaḥ
... Tobě, jež jsi svou bezmeznou láskou přiměla Krišnu, aby se před Tebou zjevil.

41. Om kṛṣṇa-loka-mahāhlāda-dhvasta-śokāntarātmane namaḥ
... Tobě, jejíž muka nahradila nesmírná radost z Krišnova zjevení.

42. Om kañcī-candraka-manjīra-vaṁśī-śobhi-svabhū-dṛśe namaḥ
... Tobě, jež jsi spatřila zářícího Krišnu se zlatými opasky, nákotníky, pavím pérem a flétnou.

43. Om sārvatrika-hṛṣīkeśa-sānnidhya-laharī-spṛśe namaḥ
... Tobě, jež jsi pocítila všepronikající přítomnost Hrišíkéšy (Krišny).

44. Om susmera-tan-mukhāloka-vismerotphulla-dṛṣṭaye namaḥ
... Tobě, jež jsi na usměvavého Krišnu hleděla v radostném vytržení.

45. Om tat-kānti-yamunā-sparśa-hṛṣṭa-romāṅga-yaṣṭaye namaḥ
... Tobě, jíž vstávaly vlasy na hlavě, když Tě uchvátil proud Krišnovy krásy.

46. Om apratīkṣita-samprāpta-devī-rūpopalabdhaye namaḥ
... Tobě, jíž se zjevila Božská Matka.

47. Om pāṇī-padma-svapadvīṇā-śobhamānāmbikā-dṛśe namaḥ
... Tobě, k níž se dostavila vize Božské Matky držící vínu (strunný nástroj).

48. Om devī-sadyas-tirodhāna-tāpa-vyathita-cetase namaḥ
... Tobě, jež jsi propadla hlubokému zármutku, když Božská Matka náhle zmizela.

49. Om dīna-rodana-nir-ghoṣa-dīrṇa-dikkarṇa-vartmane namaḥ
... Tobě, jejíž srdcervoucí nářek se rozléhal do všech stran.

50. Om tyaktānna-pāna-nidrādi-sarva-daihika-dharmaṇe namaḥ
... Tobě, jež ses zřekla všech tělesných potřeb, včetně jídla, pití a spánku.

51. Om kurarādi-samānīta-bhakṣya-poṣita-varṣmane namaḥ

... Tobě, jejíž tělo bylo živo z potravy přinesené ptáky a jinými zvířaty.

52. Om vīṇā-niṣyanti-saṅgīta-lālita-śruti-nālaye namaḥ

... Tobě, jejíž sluch zaplavila vlna božské melodie linoucí se z víny (v rukou Božské Matky).

53. Om apāra-paramānanda-laharī-magna-cetase namaḥ

... Tobě, jejíž mysl se ponořila do opojné, bezbřehé, svrchované blaženosti.

54. Om caṇḍikā-bhīkarākāra-darśanālabdha-śarmaṇe namaḥ

... Tobě, již upokojila vize bohyně Čandiky, děsivé podoby Božské Matky.

55. Om śānta-rūpāmṛtajharī-pāraṇā-nirvṛtātmane namaḥ

... Tobě, jež jsi po prvním doušku z rajské řeky blaženosti upadla do extáze.

56. Om śāradā-smārakāśeṣa-svabhāva-guṇa-sampade namaḥ

... Tobě, jež svou povahou a vlastnostmi připomínáš Šrí Sáradu Déví.

57. Om prati-bimbita-cāndreya-śāradobhaya-mūrtaye namaḥ

... Tobě, jež zrcadlíš Šrí Rámakrišnu a Šrí Sáradu Déví.

58. Om tannāṭakābhinayana-nitya-rangayitātmane namaḥ
... Tobě, v níž drama tohoto páru znovu ožívá.

59. Om cāndreyā-śāradā-kelī-kallolita-sudhābdhaye namaḥ
... Tobě, oceáne nektaru tančící nespočetnými vlnami jejich her.

60. Om uttejita-bhṛgu-kṣetra-daiva-caitanya-raṁhase namaḥ
... Tobě, jež jsi vzkřísila božský potenciál kéralské země.

61. Om bhūyaḥ-pratyavaruddhārṣa-divya-saḍskāra-rāśaye namaḥ
... Tobě, jež jsi znovunastolila nesmrtelné hodnoty zmiňované dávnými *rišii*.

62. Om aprākṛtāt-bhūtānanda-kalyāṇa-guṇa-sindhave namaḥ
... Tobě, oceáne božských vlastností, jež jsou přirozené, obdivuhodné a neomezené.

63. Om aiśvarya-vīrya-kīrti-śrī-jñāna-vairāgya-veśmaṇe namaḥ
... Tobě, jež jsi ztělesněním moci, odvahy, odpoutanosti, slávy, příznivosti a moudrosti (šesti božských kvalit).

64. Om upātta-bāla-gopāla-veṣa-bhūṣā-vibhūtaye namaḥ
... Tobě, jež se projevuješ jako malý Krišna (Bála Gopála).

65. Om smera-snigdha-kaṭākṣāyai namaḥ
... Tobě, jež jsi plná milujících pohledů.

66. Om svairādyuṣita-vedaye namaḥ
... Tobě, jež z místa, kde sedíš, řídíš všechno dění.

67. Om piñcha-kuṇḍala-mañjīra-vaṁśikā-kiṅkiṇī-bhṛte namaḥ
... Tobě, již zdobily náušnice, nákotníky, paví péro a flétna (jako Krišnu).

68. Om bhakta-lokākhilā-bhīṣta-pūraṇa-prīṇanecchave namaḥ
... Tobě, jež s radostí plníš přání svých duchovních dětí.

69. Om pīṭhārūḍha-mahādevī-bhāva-bhāsvara-mūrtaye namaḥ
... Tobě, jež coby Velká Bohyně usazena na božském trůnu oslňuješ svou nadpozemskou krásou.

70. Om bhūṣanāmbara-veṣa-śrī-dīpya-mānāṅga-yaṣṭaye namaḥ
... Tobě, jež celá záříš a svým šatem a šperky připomínáš Božskou Matku.

71. Om suprasanna-mukhāmboja-varābhayada-pāṇaye namaḥ
... Tobě s rozjasněnou tváří, půvabnou jako lotos, a s rukou v žehnajícím gestu.

72. Om kirīṭa-raśanākarṇa-pūra-svarṇa-paṭī-bhṛte namaḥ
... Tobě, jíž zdobí zlaté šperky a koruna, jako Božskou Matku.

73. Om jihva-līḍha-mahā-rogi-bībhatsa-vraṇita-tvace namaḥ
... Tobě, jež dotekem svého jazyka léčíš hnisavé vředy.

74. Om tvag-roga-dvaṁsa-niṣṇāta-gaurāṅgāpara-mūrtaye namaḥ
... Tobě, jež jsi obdařena schopností léčit kožní nemoci jako Šrí Čaitanja.

75. Om steya-hiṁsā-surāpānā-dyaśeṣādharma-vidviṣe namaḥ
... Tobě, jež jsi odpůrcem špatného jednání, jako je krádež a ubližování sobě či druhým.

76. Om tyāga-vairagya-maitrādi-sarav-sadvāsanā-puṣe namaḥ
... Tobě, jež podporuješ pěstování dobrých vlastností, jako je odříkání, nezaujatost a láska.

77. Om pādāśrita-manorūḍha-dussaṁskāra-rahomuṣe namaḥ
... Tobě, jež zbavuješ špatných sklonů ty, kdož nalezli útočiště u Tvých nohou.

78. Om prema-bhakti-sudhāsikta-sādhu-citta-guhājjuṣe namaḥ
... Tobě, jež přebýváš v hlubině zbožných srdcí, prostoupených nektarem oddanosti.

79. Om sudhāmaṇi-mahā-namne namaḥ
... Tobě, již rodiče pojmenovali půvabným jménem Sudhámani.

80. Om subhāṣita-sudhā-muce namaḥ
... Tobě, jež promlouváš slovy sladkými jako nektar.

81. Om amṛtānanda-mayyākhyā-janakarṇa-puṭa-spṛśe namaḥ
... Tobě, Amritánandamají, jejíž jméno se rozléhá po celém světě.

82. Om dṛpta-datta-viraktāyai namaḥ
... Tobě, jež jsi lhostejná k darům marnivých a světských lidí.

83. Om namrārpita-bhubhukṣave namaḥ
... Tobě, jež pokorně přijímáš s láskou obětované pokrmy.

84. Om utṣṛṭa-bhogi-saṅgāyai namaḥ
... Tobě, jež nerada pobýváš v přítomnosti požitkářů.

85. Om yogi-saṅga-riraṁsave namaḥ
... Tobě, již těší společnosti jógínů.

86. Om abhinandita-dānādi-śubha-karmā-bhivṛddhaye namaḥ
... Tobě, jež podporuješ dobročinné skutky.

87. Om abhivandita-niśśeṣa-sthira-jaṅgama-sṛṣṭaye namaḥ

... Tobě, již uctívají živé i neživé bytosti celého světa.

88. Om protsāhita-brahma-vidyā-sampradāya-pravṛttaye namaḥ

... Tobě, jež vedeš své duchovní děti stezkou *brahmavidjá* (poznání Sebe), tradičně předávané z gurua na žáka.

89. Om punar-āsādita-śreṣṭha-tapovipina-vṛttaye namaḥ

... Tobě, jež jsi vzkřísila půvab života velkých lesních mudrců.

90. Om bhūyo-gurukulā-vāsa-śikṣaṇotsuka-medhase namaḥ

... Tobě, jež jsi oživila tradici *gurukuly* (založené na úzkém kontaktu mezi guruem a žákem).

91. Om aneka-naiṣṭhika-brahmacāri-nirmātṛ-vedhase namaḥ

... Tobě, jež pro mnohé *brahmačárji* (mnichy) představuješ pravou matku.

92. Om śiṣya-saṅkrāmita-svāya-projvalat-brahma-varcase namaḥ

... Tobě, jež své žáky plníš svým jasem.

93. Om antevāsi-janāśeṣa-ceṣṭā-pātita-dṛṣṭaye namaḥ

... Tobě, jež dohlížíš na každý čin svých žáků.

94. Om mohānda-kāra-sañcāri-lokā-nugrāhi-rociṣe namaḥ
... Tobě, jež s radostí žehnáš všem světům, pohybujíc se jako nebeské světlo, rozptylujíc temnotu.

95. Om tamaḥ-kliṣṭa-mano-vṛṣṭa-svaprakāśa-śubhāśiṣe namaḥ
... Tobě, jež vrháš světlo svého požehnání do srdcí zahalených nevědomostí.

96. Om bhakta-śuddhānṭa-raṅgasta-bhadra-dīpa-śikhā-tviṣe namaḥ
... Tobě, jež jsi jasným plamenem lampy, zažehnutým v čistém srdci odevzdaných.

97. Om saprīthi-bhukta-bhaktaughanyarpita-sneha-sarpiṣe namaḥ
... Tobě, jež s potěšením ochutnáváš darované *ghí* (přepuštěné máslo).

98. Om śiṣya-varya-sabhā-madhya-dhyāna-yoga-vidhitsave namaḥ
... Tobě, jež se svými žáky ráda medituješ.

99. Om śaśvalloka-hitācāra-magna-dehendriyāsave namaḥ
... Tobě, jež svým tělem i smysly vždy jednáš pro dobro světa.

100. Om nija-puya-pradānānya-pāpādāna-cikīrṣave namaḥ
... Tobě, jež s radostí nabízíš své ctnosti za nedostatky jiných.

101.Om para-svaryāpana-svīya-naraka-prāpti-lipsave namaḥ
... Tobě, jež s radostí vyměníš ráj za peklo, abys druhým ulehčila.

102.Om rathosava-calat-kunyā-kumārī-martya-mūrtaye namaḥ
... Tobě, jež jsi při slavnosti vozů vtělenou bohyní Kanjá Kumárí.

103.Om vimo-hārṇava-nirmagna-bhṛgu-kṣetrojjihīrṣave namaḥ
... Tobě, jež usiluješ o duchovní růst Kéraly, topící se v oceánu nevědomosti.

104.Om punassantā-nita-dvaipāyana-satkula-tantave namaḥ
... Tobě, v níž pokračuje linie guruů započnutá mudrcem Vjásou.

105.Om veda-śāstra-purāṇetihāsa-śāśvata-bandhave namaḥ
... Tobě, věčný příteli moudrosti véd a svatých písem.

106.Om bṛghu-kṣetra-samun-mīlat-para-daivata-tejase namaḥ
... Tobě, božská slávo probouzející se Kéraly.

107.Om devyai namaḥ
... Tobě, Božská Matko.

108.Om premāmṛtānandamayyai nityam namo namaḥ

... Tobě, jež jsi plná božské lásky a nesmrtelné blaženosti, znovu a znovu se Ti odevzdávám!

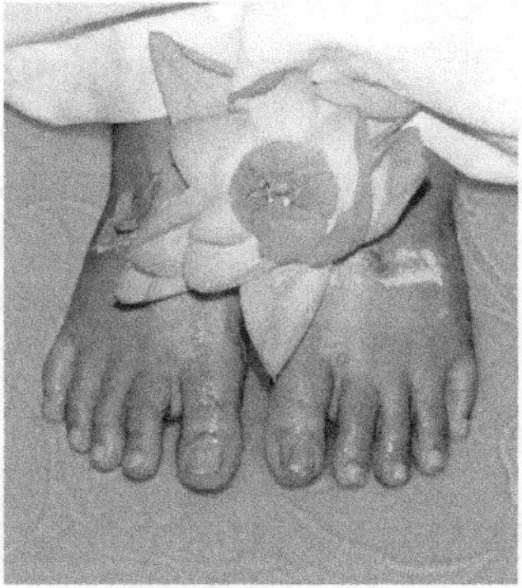

Śrī Lalitā Sahasranāmāvali

Tisíc jmen Božské Matky

Dhyānam

Verše k meditaci

Sindūrāruṇa vigrahām tri nayanām māṇikya mauli sphurat
tārānāyaka śekharām smita mukhīm āpīna vakṣoruhām
pāṇibhyām alipūrṇa ratna caṣakam raktotpalam bibhratīm
saumyām ratna ghaṭastha rakta caraṇām dhyāyet parām ambikām

Matko, rozjímám nad Tvou úchvatnou rudou postavou se třema posvátnýma očima; rozjímám nad tím, jak se Ti na hlavě třpytí koruna posetá drahokamy, zpoza níž vychází srpek měsíce, a na rtech Ti hraje sladký úsměv; jak Tvá velká ňadra překypují mateřskou láskou; jak v každé ruce držíš nádobu s medovinou posázenou drahými kameny a obsypanou lotosovými květy, kolem nichž poletují včely, zatímco Tvá chodidla ozdobená rudými lotosy spočívají na zlatém džbánu plném klenotů!

Dhyāyet padmāsanasthām vikasita vadanām padma patrāyatākṣīm
hemābhām pītavastrām kara kalita lasad hema padmām varāṅgīm
sarvālaṅkāra yuktām satatam abhayadām bhaktanamrām bhavānīm
śrī vidyām śānta mūrtim sakala sura nutāmsarva sampat pradātrīm

Matko, dovol mi meditovat o Tvé půvabné podobě v barvě zlata, o Tvé rozzářené tváři s něžnýma očima, jež se podobají květům lotosu; o tom, jak ve žlutém šatu pošitém ornamenty spočíváš v rozkvetlém lotosu; jak v ruce držíš zlatý lotos, před nímž se pokorně skláním, neboť je symbolem Tvé ochrany a přízně. Dovol mi o Tobě přemítat, Śrí Vidjo, ztělesnění pokoje, jíž uctívají i bohové, o Tobě, jež nás zahrnuješ tolika dary!

Sakuṅkuma vilepanām alika cumbi kastūrikām
samanda hasitekṣaṇām saśara cāpa pāśāṅkuśām
aśeṣa jana mohinīm aruṇa mālya bhūṣojvalām
japā kusuma bhāsurām japavidhau smaredambikām

Matko vesmíru, zatímco usedám k džapě, abych opakoval Tvá jména, nechej mne rozjímat nad Tvojí podobou, krásnou jako květ ibišku, ověnčenou rudou girlandou a třpytivými šperky, potřenou červeným šafránem; nad pižmovým znamením uprostřed Tvého čela, jehož vůně vábí včely; nad Tvýma rukama, v nichž svíráš luk a šíp, lano se smyčkou a bodec; nad Tvým mírným úsměvem a okouzlujícím sladkým pohledem!

Aruṇām karuṇā taraṅgitākṣīm
dhṛta pāśāṅkuśa puṣpa bāṇa cāpām
aṇimādibhir āvṛtām mayūkhai
raham ityeva vibhāvaye maheśīm

Velká Bohyně, nechej mne si představovat, že jsem splynul/a s Tvojí úchvatnou rudou podobou, že mne zalévá jas zlatých paprsků Animy (jedna z devíti podob Durgy, ztělesňující její nadpřirozené schopnosti) a osmi dalších velkých dokonalostí (mahá siddhi); nechej mne vzpomínat na Tvé lano a bodec, na Tvůj luk a květinové šípy, na Tvé oči, v nichž se rodí vlny soucítění!

Odevzdávám se Ti…

1. Om śrī-mātre namaḥ

… Božská Matko.

2. Om śrī-mahā-rājñyai namaḥ

… Vládkyně vesmíru.

3. Om śrīmat-simhāsaneśvaryai namaḥ

… Královno sedící na nejskvostnějším trůnu.

4. Om cid-agni-kuṇḍa-sambhūtāyai namaḥ

… Matko zrozená ve výhni Ryzího Vědomí.

5. Om deva-kārya-samudyatāyai namaḥ

… Matko odhodlaná plnit přání bohů.

6. Om udyad-bhānu-sahasrābhāyai namaḥ

… Matko, jež záříš jasem tisíce vycházejících sluncí.

7. Om catur-bāhu-samanvitāyai namaḥ

… Matko, jež máš čtvero rukou.

8. Om rāga-svarūpa-pāśāḍhyāyai namaḥ

… Matko, jež svíráš v ruce lano Lásky.

9. Om krodhā-kārāṅkuś-ojjvalāyai namaḥ

... Matko, jež celá záříš, když pozvedáš svůj bodec hněvu.

10. Om mano-rūpekṣu-kodaṇḍāyai namaḥ

... Matko, jež držíš luk z cukrové třtiny symbolizující mysl.

11. Om pañca-tanmātra-sāyakāyai namaḥ

... Matko, jež máš při sobě pětici šípů (pět jemných smyslových předmětů).

12. Om nijāruṇa-prabhā-pūra-majjad-brahmāṇḍa-maṇḍalāyai namaḥ

... Matko, do jejíž rudé záře se noří celý vesmír.

13. Om campakāśoka-punnāga-saugandhika-lasat-kacāyai namaḥ

... Matko s vlasy ozdobenými michéliemi a jinými květinami.

14. Om kuruvinda-maṇi-śreṇī-kanat-koṭīra-maṇḍitāyai namaḥ

... Matko s oslňující korunou vykládanou korundy.

15. Om aṣṭamī-candra-vibhrāja-dalika-sthala-śobhitāyai namaḥ

... Matko s čelem rozzářeným jako srpek měsíce (za osmé noci lunárního půlměsíce).

16. Om mukha-candra-kalaṅkābha-mṛganābhi-viśeṣakāyai namaḥ

... Matko s pižmovým znamením na čele, jež svítí jako skvrna na Měsíci.

17. Om vadana-smara-māṅgalya-gṛha-toraṇa-cillikāyai namaḥ

... Matko s obočím zářícím jako slavnostní brány příbytku boha lásky, jemuž se ve tváři podobáš.

18. Om vaktra-lakṣmī-parīvāha-calan-mīnābha-locanāyai namaḥ

... Matko, jejíž oči mají třpyt ryby proplouvající bystřinou Krásy.

19. Om nava-campaka-puṣpābha-nāsā-daṇḍa-virājitāyai namaḥ

... Matko s nosem půvabným jako právě rozkvetlá michélie, propůjčujícím Tvé tváři oslnivý půvab.

20. Om tārā-kānti-tiraskāri-nāsābharaṇa-bhāsurāyai namaḥ

... Matko s ozdobou na nose, jež svou oslnivostí překoná i třpyt Venuše.

21. Om kadamba-mañjarī-klṛpta-karṇapūra-manoharāyai namaḥ

... Matko s květy kadamby na uších, jimiž k sobě upoutáváš pozornost.

22. Om tāṭaṅka-yugalī-bhūta-tapanoḍupa-maṇḍalāyai namaḥ

... Matko, jež se zdobíš náušnicemi ve tvaru Slunce a Měsíce.

23. Om padma-rāga-śilādarśa-paribhāvi-kapola-bhuve namaḥ

... Matko s lícemi půvabnějšími než zrcadla z rubínů.

24. Om nava-vidruma-bimba-śrī-nyakkāri-radana-cchadāyai namaḥ

... Matko, jejímž rtům se svým leskem nevyrovná ani živý korál, ani ovoce bimba.

25. Om śuddha-vidyāṅkurākāra-dvija-paṅkti-dvayojjvalāyai namaḥ

... Matko se zářivými zuby, jež připomínají poupata ryzího vědění.

26. Om cira-naṣṭa-punar-labdha-bhārgava-kṣetra-sampade namaḥ

... Matko, jež si pochutnáváš na betelu vonícím do všech světových stran.

27. Om nija-sallāpa-mādhurya-vinirbhartsita-kacchapyai namaḥ

... Matko, z jejíž rtů plynou slova tak sladká, že je nemohou překonat ani tóny posvátné lastury.

28. Om manda-smita-prabhā-pūra-majjat-kāmeśa-mānasāyai namaḥ

... Matko s rozzářeným úsměvem, v němž se rozplývá i Šivova mysl.

29. Om anākalita-sādrṣya-cibuka-śrī-virājitāyai namaḥ

... Matko, jejíž bradu nelze k ničemu přirovnat (neboť její půvab nemá obdoby).

30. Om kāmeśa-baddha-māngalya-sūtra-śobhita-kandharāyai namaḥ

... Matko s hrdlem ozdobeným snubní stužkou, již Ti uvázal Kámeša (Šiva).

31. Om kanakāngada-keyūra-kamanīya-bhujānvitāyai namaḥ

... Matko s pažemi, na nichž se třpytí zlaté řetízky.

32. Om ratna-graiveya-cintāka-lola-muktā-phalānvitāyai namaḥ

... Matko, již krášlí skvostný náhrdelník s perlovým medailónkem.

33. Om kāmeśvara-prema-ratna-mani-pratipana-stanyai namaḥ

... Matko, jež nabízíš svou náruč Kámešvarovi (bohu lásky) oplátkou za jeho drahokam lásky.

34. Om nābhyālavāla-romāli-latā-phala-kuca-dvayyai namaḥ

... Matko, jejíž ňadra jsou ovocem na liáně jemných vlasů vyrůstající z hloubky Tvého pasu.

35. Om lakṣya-rma-latā-dhāratā-sumunneya-madhyamāyai namaḥ

... Matko s pasem tak útlým, že není pod kadeří vlasů ani vidět.

36. Om stana-bhāra-dalan-madhya-paṭṭa-bandha-vali-trayāyai namaḥ

... Matko se třemi záhyby na břiše v podobě opasku, jenž nadlehčuje Tvá plná ňadra.

37. Om arunāruna-kausumbha-vastra-bhāsvat-kaṭī-taṭyai namaḥ

... Matko s boky zahalenými látkou v barvě vycházejícího slunce (obarvenou výtažkem z květů světlice).

38. Om ratna-kinkinikā-ramya-raśanā-dāma-bhūṣitāyai namaḥ

... Matko s půvabným opaskem, na němž cinkají zvonky poseté drahokamy.

39. Om kāmeśa-jñāta-saubhāgya-mārdavoru-dvayanvitāyai namaḥ

... Matko s rozkošnými stehny, jejichž hebkost zná pouze Káměša, Tvůj manžel.

40. Om mānikya-mukuṭākāra-jānu-dvaya-sirājitāyai namaḥ

... Matko s koleny připomínajícími korunky z broušených rubínů.

41. Om indra-gopa-parikṣipta-smara-tūnābha-janghikāyai namaḥ

... Matko s lýtky, jež se třpytí jako Indrův toulec pošitý drahokamy.

42. Om gūdha-gulphāyai namaḥ

... Matko se zahalenými kotníky.

43. Om kūrma-prṣtha-jayiṣnu-prapadānvitāyai namaḥ

... Matko s klenutými chodidly, jež se svojí hladkostí a krásou vyrovnají želvímu krunýři.

44. Om nakha-dīdhiti-sañchanna namajjana tamogunayai namaḥ

... Matko s oslňujícími nehty na nohou, v jejichž záři zanikne i temnota nevědomosti toho, jenž se před Tebou skloní.

45. Om pada-dvaya-prabhā-jāla-parākrta-saroruhāyai namaḥ

... Matko s oslnivými chodidly, jež překonávají i jas lotosu.

46. Om śiñjāna-mani-mañjīra-mandita-śrī-padāmbujāyai namaḥ

... Matko s chodidly ozdobenými lotosy a nákotníky ze zlata vykládanými drahokamy, jež sladce cinkají.

47. Om marālī-manda-gamanāyai namaḥ

... Matko, jež kráčíš pozvolna a elegantně jako labuť.

48. Om mahā-lāvanya-śevadhaye-namaḥ

... Matko, jež jsi klenotnicí krásy.

49. Om sarvārunāyai namaḥ

... Matko s karmínovou pletí.

50. Om anavadyāngyai namaḥ

… Matko s tělem hodným uctívání.

51. Om sarvābharana-bhūṣitāyai namaḥ

… Matko, jež se skvíš všemi druhy šperků.

52. Om śiva-kāmeśvarānkasthāyai namaḥ

… Matko, jež sedíš na klíně Šivovi, který zvítězil nad chtíčem.

53. Om śivāyai namaḥ

… Matko, dárkyně všeho příznivého.

54. Om svādhīna-vallabhāyai namaḥ

… Matko, držící svého manžela vždy pod kontrolou.

55. Om sumeru-madhya-śṛṅgasthāyai namaḥ

… Matko, sedící na prostředním vrcholku hory Sumeru.

56. Om śrīman-nagara nāyikāyai namaḥ

… Matko, strážkyně vzkvétajícího města.

57. Om cintāmaṇi-gṛhāntasthāyai namaḥ

... Matko, přebývající v domě vystavěném z drahokamu čintámani, jenž plní všechna přání (obrazně mysl).

58. Om pañca-brahmāsana-sthitāyai namaḥ

... Matko, sedící na trůnu pěti bohů (Brahma, Višnu, Rudra, Íšvara, Sadášiva).

59. Om mahā-padmāṭavī-saṁsthāyai namaḥ

... Matko, jež sídlíš ve velkém lotosovém lese.

60. Om kadamba-vana-vāsinyai namaḥ

... Matko, jejíž sídlo obklopují kvetoucí stromy kadamba.

61. Om sudhā-sāgara-madhyasthāyai namaḥ

... Matko, přebývající uprostřed oceánu nektaru.

62. Om kāmākṣyai namaḥ

... Matko s očima probouzejícíma touhu.

63. Om kāma-dāyinyai namaḥ

... Matko, jež plníš všechna přání.

64. Om devarṣsi-gaṇa-saṅghāta-stūyamānātma-vaibhavāyai namaḥ
... mocná Matko, již opěvují mnozí bohové a mudrci.

65. Om bhaṇḍāsura-vadhodyukta-śakti-senā-samanvitāyai namaḥ
... Matko vyzbrojená armádou kosmických sil (šakti).

66. Om sampatkarī-samārūḍha-sindhura-vraja-sevitāyai namaḥ
... Matko, již doprovází stádo slonů s neohroženou bohyní Sampatkarí v čele.

67. Om aśvārūḍhādhiṣṭhitāśva-koṭi-koṭibhir-āvrtāyai namaḥ
... Matko, již obklopuje koňská kavalérie v čele s bohyní Ašvárúdhou.

68. Om cakra-rāja-rathārūḍha-sarvāyudha-pariṣkṛtāyai namaḥ
... Matko, jež na svém voze čakrarádža záříš nejrůznějšími zbraněmi.

69. Om geya-cakra-rathārūḍha-mantriṇī-pari-sevitāyai namah
... Matko, jíž slouží bohyně Mantriní jedoucí na voze gejačakra.

70. Om kiri-cakra-rathārūḍha-daṇḍanāthā-puras-kṛtāyai namaḥ
... Matko, již doprovází bohyně Dandanátha na voze kiričakra.

71. Om jvālā-mālinikākṣipta-vahni-prākāra-madhygāyai namaḥ
... Matko ve středu ohňové pevnosti, již vystavěla bohyně Džválámálini.

72. Om bhanda-sainya-vadhodyukta-śakti-vikrama-harşitāyai namaḥ

... Matko, radující se z udatnosti bohyně Šakti, jejímž záměrem je zničit moc démona Bhandy.

73. Om nityā-parākramāṭopa-nirīkṣana-samutsukāyai namaḥ

... Matko, již těší pohled na moc a hrdost bohyň věčného světla nitjá (při útoku na Bhandovu armádu).

74. Om bhanda-putra-vadhodyukta-bālā-vikrama-nanditāyai namaḥ

... Matko, již těší pohled na bohyni Bálu, odhodlanou pobít syny démona Bhandy.

75. Om mantrinyambā-viracita-viṣanga-vadha-toṣitāyai namaḥ

... Matko, radující se ze záhuby démona Višangy, jehož porazila bohyně Mantriní.

76. Om viśukra-prāna-harana-vārāhī-vīrya-nanditāyai namaḥ

... Matko, potěšená zdatností bohyně Váráhí, jež připravila o život démona Višukru.

77. Om kāmeśvara-mukhāloka-kalpita-śrī-ganeśvarāyai namaḥ

... Matko, jejímž jediným pohlédnutím do Kámešvarovy tváře se zrodil Ganéša.

78. Om mahā-ganeśa-nirbhinna-vighna-yantra-praharṣitāyai namaḥ

... Matko, jež s radostí přihlížíš, jak Ganéša překonává všechny překážky.

79. Om bhandāsurendra-nirmukta-śastra-pratyastra-varṣinyai namaḥ

... Matko, jež na každou zbraň démona Bhandásury odpovídáš sprškou protizbraní.

80. Om karānguli-nakhotpanna-nārāyana-daśākrtyai namaḥ

... Matko, jež jsi ze svých nehtů na rukou stvořila deset vtělení Nárájany (Višnua).

81. Om mahā-pāśupatāstrāgni-nirdagdhāsura-sainikāyai namaḥ

... Matko, jež jsi v ohni střely Mahápášupaty pohřbila celé armády démonů.

82. Om kāmeśvarāstra-nirdagdha-sabhaṇḍāsura-śūnyakāyai namaḥ

... Matko, jež jsi mocnou střelou boha Kámešvary zničila Bhandásuru i jeho sídlo Šúnjaku.

83. Om brahmopendra-mahendrādi-deva-saṁstuta-vaibhavāyi namaḥ

... Matko obdařená schopnostmi, jež velebí bohové Brahma, Višnu, Šiva a další.

84. Om hara-netrāgni-sandagdha-kāma-sañjīvanauṣadhyai namaḥ

... Matko, jež jsi životadárným lékem pro Kámu, kterého sežehl oheň vyzářený ze Šivova třetího oka.

85. Om śrīmad-vāgbhava-kūṭaika-svarūpa-mukha-paṅkajāyai namaḥ

... Matko, jejíž lotosová tvář ztělesňuje mantru vágbhavakúda (část mantry pančadasakšarí popisující jemné tělo Božské Matky).

86. Om kaṇṭhādhaḥ-kaṭi-paryanta-madhya-kūṭa-svarūpinyai namaḥ

... Matko, jejíž trup utváří mantra madhjakúta (šest prostředních slabik mantry pančadasakšarí).

87. Om śakti-kūṭaikatāpanna-kaṭyadhobhāga-dhāriṇyai namaḥ

... Matko, jež jsi od pasu dolů zpodobňována jako šaktikúta mantra (poslední čtyři slabiky pančadasakšarí).

88. Om mūla-mantrātmikāyai namaḥ

... Matko, jež jsi ztělesněním múlamantry (mantry pančadasakšarí).

89. Om mūla-kūṭa-traya-kalebarāyai namaḥ

... Matko, jejíž jemné tělo tvoří pančadasakšarí mantra složená ze tří částí.

90. Om kulāmṛtaika-rasikāyai namaḥ

... Matko, jež zbožňuješ nektar kula (šestice čaker popisující energetické tělo Božské Matky).

91. Om kula-saṅketa-pālinyai namaḥ

... Matko, jež ochraňuješ soubor rituálů jógické stezky kula.

92. Om kulāṅganāyai namaḥ

... Matko, jež představuješ ženský princip (kundaliní) proudící sušumnou (kula).

93. Om kulāntasthāyai namaḥ

... Matko, jež spočíváš na klíně pravého Poznání.

94. Om kaulinyai namaḥ

... Matko, jež se nacházíš v kule (zde tisíciplátečný lotos sahasráry).

95. Om kula-yoginyai namaḥ

... Matko, jež přebýváš v šesti základních čakrách (kulách).

96. Om akulāyai namaḥ

... Matko, jež nemáš rodinu.

97. Om samayāntasthāyai namaḥ

... Matko, jejímž domovem je samája (vnitřní uctívání v srdeční čakře).

98. Om samayācāra-tatparāyai namaḥ

... Matko, jež jsi spjata s uctíváním v srdeční čakře.

99. Om mūlādhāraika-nilayāyai namaḥ

... Matko, jež sis za příbytek vyvolila čakru múládháru.

100. Om brahma-granthi-vibhedinyai namaḥ

... Matko, jež rozetínáš Brahmův uzel.

101. Om maṇipūrāntar-uditāyai namaḥ

... Matko, jež se vynořuješ v čakře manipúra.

102. Om viṣṇu-granthi-vibhedinyai namaḥ

... Matko, jež rozetínáš i Višnuův uzel.

103.Om ājñā-cakrāntarālasthāyai namaḥ

... Matko, jež se ukrýváš ve středu adžna čakry.

104.Om rudra-granthi-vibnedinyai namaḥ

... Matko, jež rozetínáš i Šivův uzel.

105.Om sahasrārāmbujārūḍhāyai namaḥ

... Matko, jež vystupuješ k tisíciplátečnému lotosu sahasráry.

106.Om sudhā-sārābhi-varṣiṇyai namaḥ

... Matko, z níž vyvěrají potůčky nektaru.

107.Om taḍil-latā-sama-rucyai namaḥ

... Matko, jež oslňuješ jako blesk.

108.Om ṣaṭ-cakropari-saṁsthitāyai namaḥ

... Matko, jež přebýváš nad šesti čakrami.

109.Om mahā-saktyai namaḥ

... Matko, jež jsi oddána posvátnému svazku Šivy a Šakti.

110.Om kuṇḍalinyai namaḥ

... Matko, jež dřímáš v múládháře (jako energie stočená v klubíčku).

111. Om bisa-tantu-tanīyasyai namaḥ

... Matko, jež jsi hebká a jemná jako vlákno lotosu.

112. Om bhavānyai namaḥ

... Matko, jez jsi manzelkou Šivy.

113. Om bhāvanāgamyāyai namaḥ

... Matko, k níž nelze dospět žádnou představou ani myšlenkou.

114. Om bhavāraṇya-kuṭhārikāyai namaḥ

... Matko, jež se, podobna mačetě, probíjíš džunglí samsáry.

115. Om bhadra-priyāyai namaḥ

... Matko, jež působíš vše příznivé.

116. Om bhadra-mūrtaye namaḥ

... Matko, ztělesnění přízně a laskavosti.

117. Om bhakta-saubhāgya-dāyinyai namaḥ

... Matko skýtající blahobyt (úspěch).

118. Om bhakti-priyāyai namaḥ

... Matko milující oddanost.

119. Om bhakti-gamyāyai namaḥ

... Matko, jež se dáš poznat jen odevzdanému srdci.

120. Om bhakti-vaśyāyai namaḥ

... Matko, již si lze získat jen oddaností.

121. Om bhayāpahāyai namaḥ

... Matko, jež rozptyluješ všechen strach.

122. Om śāmbhavyai namaḥ

... Matko, jež jsi manželkou Šamby (Šivy).

123. Om śāradārādhyāyai namaḥ

... Matko, již uctívá i Šárada (Sarasvátí, bohyně řeči).

124. Om śarvāṇyai namaḥ

... Matko, jež jsi manželkou Šarvy (Šivy).

125. Om śarma-dāyinyai namaḥ

... Matko přinášející štěstí.

126. Om śāṅkaryai namaḥ

... Matko, bohyně Šánkarí.

127.Om śrīkaryai namaḥ

... Matko, jež plnými hrstmi rozdáváš hojnost.

128.Om sādhvyai namaḥ

... cudná Matko.

129.Om śarac-candra-nibhānanāyai namaḥ

... Matko s tváří zářící jako měsíc v úplňku na bezmračné podzimní obloze.

130.Om śātodaryai namaḥ

... Matko, jež jsi útlá v pase.

131.Om śāntimatyai namaḥ

... Matko, již prostupuje pokoj.

132.Om nir-ādhārāyai namaḥ

... Matko, jež na nikom a ničem nezávisíš.

133.Om nir-añjanāyai namaḥ

... Matko, jež na ničem neulpíváš a zůstáváš nepřipoutána.

134.Om nir-lepāyai namaḥ

... Matko, jež jsi prosta všeho konání.

135. Om nir-malāyai namaḥ
... Neposkvrněná Matko.

136. Om nityāyai namaḥ
... Věčná Matko.

137. Om nir-ākārāyai namaḥ
... Matko bez tvaru.

138. Om nir-ākulāyai namaḥ
... Matko, již nic nerozruší.

139. Om nir-guṇāyai namaḥ
... Matko překračující trojí přirozenost (sattvu, radžas i tamas).

140. Om niṣ-kalāyai namaḥ
... Matko, již nelze rozdělit na části.

141. Om śāntāyai namaḥ
... Pokojná Matko.

142. Om niṣ-kāmāyai namaḥ
... Matko, v níž nezůstala jediná touha.

143.Om nir-upaplavāyai namaḥ

… Matko, jíž nelze zkřivit vlas.

144.Om nitya-mutāyai namaḥ

… Matko, již netísní světská pouta.

145.Om nir-vikārāyai namaḥ

… Neměnná Matko.

146.Om niṣ-prapañcāyai namaḥ

… Matko, jež nepocházíš z tohoto vesmíru.

147.Om nir-āśrayāyai namaḥ

… ničím nepodmíněná Matko.

148.Om nitya-śuddhāyai namaḥ

… Matko navěky neposkvrněná.

149.Om nitya-buddhāyai namaḥ

… Matko prostoupená moudrostí.

150.Om nir-avadyāyai namaḥ

… Matko bezúhonná a chvályhodná.

151.Om nir-antarāyai namaḥ
... Matko, jež prostupuješ vším.

152.Om niṣ-kāranāyai namaḥ
... Matko, pro niž není důvod.

153.Om niṣ-kalaṅkāyai namaḥ
... Dokonalá Matko.

154.Om nir-upādhaye namaḥ
... Matko ničím nepodmíněná a neomezená.

155.Om nir-īśvarāyai namaḥ
... Matko bez pána a ochránce.

156.Om nīrāgāyai namaḥ
... Matko, jež po ničem netoužíš.

157.Om rāga-mathanāyai namaḥ
... Matko, jež rozpouštíš všechny touhy (vášně).

158.Om nir-madāyai namaḥ
... Matko neznající pýchu.

159.Om mada-nāśinyai namaḥ

… Matko zbavující pýchy.

160.Om niś-cintāyai namaḥ

… Bezstarostná Matko.

161.Om nir-ahaṅkārāyai namaḥ

… Matko bez ega (bez pocitu „já“ a „moje“).

162.Om nir-mohāyai namaḥ

… Matko bez falešných představ.

163.Om moha-nāśinyai namaḥ

… Matko zbavující falešných představ.

164.Om nir-mamāyai namaḥ

… Matko, jež nemáš na ničem osobní zájem.

165.Om mamatā-hantryai namaḥ

… Matko, jež dáváš odeznít pocitu vlastnění.

166.Om niṣ-pāpāyai namaḥ

… Matko, jež jsi bez hříchu.

167.Om pāpa-nāśinyai namaḥ
... Matko, jež snímáš břemeno hříchu.

168.Om niṣ-krodhāyai namaḥ
... Matko, jež nepodléháš hněvu.

169.Om krodha-śamanyai namaḥ
... Matko, jež oprošťuješ od hněvu.

170.Om nir-lobhāyai namaḥ
... Matko, jež jsi prosta chtíče.

171.Om lobha-nāśinyai namaḥ
... Matko, jež odpoutáváš od chtivosti.

172.Om niḥ-saṁśayāyai namaḥ
... Matko, jež nepochybuješ.

173.Om saṁśaya-ghnyai namaḥ
... Matko zbavující všech pochyb.

174.Om nir-bhavāyai namaḥ
... Matko bez počátku.

175.Om bhava-nāśinyai namaḥ

... Matko přinášející konec všemu trápení samsáry (cyklu rození a umírání).

176.Om nir-vikalpāyai namaḥ

... Matko nepodléhající klamným představám.

177.Om nir-ābādhāyai namaḥ

... Matko, již nic neruší.

178.Om nir-bhedāyai namaḥ

... Matko stojící nad pocitem odlišnosti.

179.Om bheda-nāśinyai namaḥ

... Matko zbavující pocitu odlišnosti daného vásánami (tendencemi).

180.Om nir-nāśāyai namaḥ

... Nepomíjející Matko.

181.Om mṛtyu-mathanyai namaḥ

... Matko ovládající smrt.

182.Om niṣ-kriyāyai namaḥ

... Matko nedotčená konáním.

183.Om niṣ-parigrahāyai namaḥ

... Matko, jež ničeho nenabýváš a nic nepřijímáš.

184.Om nis-tulāyai namaḥ

... Matko, již nelze s ničím srovnávat.

185.Om nīla-cikurāyai namaḥ

... Matko se zářivě lesklými černými vlasy.

186.Om nir-āpāyāyai namaḥ

... Nezničitelná Matko.

187.Om nir-atyayāyai namaḥ

... Neporušitelná Matko.

188.Om durlabhāyai namaḥ

... Matko, k níž nevede lehká cesta.

189.Om durgamāyai namaḥ

... Matko, již lze poznat jen s vynaložením veškerého úsilí.

190.Om durgāyai namaḥ

... Matko, jež vystupuješ jako bohyně Durga.

191.Om duḥkha-hantryai namaḥ

… Matko, jež ukončuješ všechna trápení.

192.Om sukha-pradāyai namaḥ

… Matko darující štěstí.

193.Om duṣṭa-dūrāyai namaḥ

… Matko, jež nepřicházíš k podlým.

194.Om durācāra-śamanyai namaḥ

… Matko, jež dáváš zaniknout zhoubným návykům.

195.Om doṣa-varjitāyai namaḥ

… Matko, neposkvrněná jedinou chybou.

196.Om sarvajñāyai namaḥ

… Vševědoucí Matko.

197.Om sāndra-karuṇāyai namaḥ

… Matko nejvyššího soucitu.

198.Om samānādhika-varjitāyai namaḥ

… Matko bez sobě rovného či nadřazeného.

199.Om sarva-śakti-mayyai namaḥ
... Matko oplývající všemi božskými silami.

200.Om sarva-maṅgalāyai namaḥ
... Matko, z níž vyvěrá vše příznivé.

201.Om sad-gati-pradāyai namaḥ
... Matko, jež nás přivádíš na správnou cestu.

202.Om sarveśvaryai namaḥ
... Matko vládnoucí živým i neživým věcem.

203.Om sarva-mayyai namaḥ
... Matko prostupující každou živou i neživou věcí.

204.Om sarva-mantra-svarūpiṇyai namaḥ
... Matko, jež jsi podstatou všech manter.

205.Om sarva-yantrātmikāyai namaḥ
... Matko, jež jsi duší všech janter (symbolických obrazců).

206.Om sarva-tantra-rūpāyai namaḥ
... Matko, jež jsi srdcem všech tanter (rituálů).

207.Om manonmanyai namaḥ

... Matko, jež představuješ Šivovu šakti (sílu).

208.Om māheśvaryai namaḥ

... Matko, jež jsi manželkou Máhešvary.

209.Om mahā-devyai namaḥ

... Matko s nezměrným tělem.

210.Om mahā-lakṣmyai namaḥ

... Matko s tváří bohyně Lakšmí.

211.Om mṛda-priyāyai namaḥ

... Matko, již Mrida (Šiva) nade vše miluje.

212.Om mahā-rūpāyai namaḥ

... Matko velkolepé podoby.

213.Om mahā-pūjyāyai namaḥ

... Matko, jíž se mezi uctívanými nikdo nevyrovná.

214.Om mahā-pātaka-nāśinyai namaḥ

... Matko, jež můžeš smazat i sebevětší hřích.

215.Om mahā-māyāyai namaḥ
... Matko, jež jsi Velkou Iluzí.

216.Om mahā-sattvāyai namaḥ
... Matko oplývající dokonalou sattvou (čistotou).

217.Om mahā-śaktyai namaḥ
... Matko s obrovskou mocí.

218.Om mahā-ratyai namaḥ
... Matko, nekonečná rozkoši.

219.Om mahā-bhogāyai namaḥ
... Matko neskonalého bohatství.

220.Om mahaiśvaryāyai namaḥ
... dokonale svrchovaná Matko.

221.Om mahā-vīryāyai namaḥ
... Matko nezlomné odvahy.

222.Om mahā balāyai namaḥ
... nepřekonatelná Matko.

223.Om mahā-buddhyai namaḥ

... Matko nevýstižné inteligence.

224.Om mahā-siddhyai namaḥ

... Matko nejvyšších schopností.

225.Om mahā-yogeśvareśvaryai namaḥ

... Matko, již uctívají i největší jogíni.

226.Om mahā-tantrāyai namaḥ

... Matko, jíž vzdávají hold tantrické spisy (Kularnava a Džňánarnava).

227.Om mahā-mantrāyai namaḥ

... Matko, nejvyšší z manter.

228.Om mahā-yantrāyai namaḥ

... Matko, nejvyšší z janter.

229.Om mahāsanāyai namaḥ

... Matko usedající na velkolepé trůny.

230.Om mahā-yāga-kramārādhyāyai namaḥ

... Matko, jíž vzdává úctu (védský) rituál mahájága („velká oběť").

231.Om mahā-bhairava-pūjitāyai namaḥ
... Matko, již uctívá i Mahábhajrava (Šiva).

232.Om maheśvara-mahākalpa-mahātāṇḍava-sākṣiṇyai namaḥ
... Matko, jež tiše přihlížíš Šivovu velkolepému tanci na konci velkého cyklu stvoření.

233.Om mahā-kāmeśa-mahiṣyai namaḥ
... Matko, velká královno Mahákámešvary.

234.Om mahā-tripura-sundaryai namaḥ
... Matko Tripurasundarí („Krása Tří Měst“ – poznávající, poznání, poznávané; hrubé, jemné a kauzální tělo).

235.Om catuḥ-ṣaṣtyupacārāḍhyāyai namaḥ
... Matko, jíž vzdává chválu šedesát čtyři (tantrických) obřadů.

236.Om catuḥ-ṣaṣṭi-kalā-mayyai namaḥ
... Matko ztělesňující šedesát čtyři krásných umění.

237.Om mahā-catuḥ-ṣaṣṭi-koṭi-yoginī-gaṇa-sevitāyai namaḥ
... Matko, již doprovází šest set čtyřicet milionů jogínek.

238.Om manu-vidyāyai namaḥ

... Matko vtělená do podoby Manuvidji (Durgy).

239.Om candra-vidyāyai namaḥ

... Matko s tváří Candravidji (Srí Vidji).

240.Om candra-maṇḍala-madhyagāyai namaḥ

... Matko spočívající ve středu měsíčního kotouče (čandramandala).

241.Om cāru-rūpāyai namaḥ

... Matko neblednoucí krásy.

242.Om cāru-hāsāyai namaḥ

... Matko s líbezným úsměvem.

243.Om cāru-candra-kalā-dharāyai namaḥ

... Matko ozdobená srpkem měsíce, jenž stále jasně září.

244.Om carācara-jagan-nāthāyai namaḥ

... Matko, vládkyně živých i neživých světů.

245.Om cakra-rāja-niketanāyai namaḥ

... Matko skrytá ve Šrí Čakře (devět čaker, obalů halících pravé Poznání).

246.Om pārvatyai namaḥ
... Matko, dcero božské hory Himavat (Himaláje).

247.Om padma-nayanāyai namaḥ
... Matko s půvabně protáhlýma očima, jež připomínají okvětní plátky lotosu.

248.Om padma-rāga-sama-prabhāyai namaḥ
... Matko s oslnivě rudou pletí podobnou rubínu.

249.Om pañca-pretāsanāsīnāyai namaḥ
... Matko sedící na trůnu z pěti těl (Brahma, Višnu, Rudra, Íšvara, Sadášiva).

250.Om pañca-brahma-svarūpiṇyai namaḥ
... Matko s tváří pěti brahmů (pět tváří Šivy).

251.Om cinmayyai namaḥ
... Matko, jež jsi samotným Vědomím.

252.Om paramānandāyai namaḥ
... Matko, nejvyšší Blaženosti.

253.Om vijñāna-ghana-rūpiṇyai namaḥ
... Matko, jež jsi ztělesněním všeprostupující celistvé Inteligence.

254.Om dhyāna-dhyātṛ-dhyeya-rūpāyai namaḥ

... Matko, jež záříš jako meditace, meditující i předmět meditace.

255.Om dharmādharma-vivarjitāyai namaḥ

... Matko bez ctnosti i neřesti.

256.Om viśva-rūpāyai namaḥ

... Matko, jejíž podobu utváří celý vesmír.

257.Om jāgariṇyai namaḥ

... Matko, jež se projevuješ jako džíva (individuální duše) v bdělém stavu.

258.Om svapantyai namaḥ

... Matko, jež nabýváš podoby džívy ve stavu snění.

259.Om taijasātmikāyai namaḥ

... Matko, jež jsi zářící podstatou džívy ve stavu snění.

260.Om suptāyai namaḥ

... Matko, jež se stáváš džívou spící hlubokým spánkem.

261.Om prājnātmikāyai namaḥ

... Matko, již nelze od džívy v hlubokém spánku oddělit.

262.Om turyāyai namaḥ
... Matko, jež se nacházíš ve (čtvrtém) stavu turja.

263.Om sarvāvasthā-vivarjitāyai namaḥ
... Matko, jež překračuješ všechny stavy vědomí.

264.Om sṛṣṭi-kartryai namaḥ
... Matko Stvořitelko.

265.Om brahma-rūpāyai namaḥ
... Matko, jež se za účelem stvoření vesmíru představuješ jako Brahma.

266.Om goptryai namaḥ
... Matko Ochranitelko.

267.Om govinda-rūpiṇyai namaḥ
... Matko, jež v roli Góvindy (Višnua) udržuješ vesmír.

268.Om saṁhāriṇyai namaḥ
... Ničitelko vesmíru.

269.Om rudra-rūpāyai namaḥ
... Matko, jež se stáváš Rudrou (Šivou), abys rozpustila vesmír.

270.Om tirodhāna-karyai namaḥ

... Matko působící zánik všech věcí.

271.Om īśvaryai namaḥ

... Matko, jež vše chráníš a všemu vládneš.

272.Om sadā-śivāyai namaḥ

... Matko, jež jako Sadášiva (Věčný Šiva) přinášíš vždy jen přízeň.

273.Om anugraha-dāyai namaḥ

... žehnající Matko.

274.Om pañca-kṛtya-parāyaṇāyai namaḥ

... Matko plně oddaná svým pěti rolím (viz mantry výše).

275.Om bhānu-maṇḍala-madhysthāyai namaḥ

... Matko, jež přebýváš ve středu slunečního kotouče.

276.Om bhairavyai namaḥ

... Matko, jež jsi manželkou Bhajravy (Šivy).

277.Om bhaga-mālinyai namaḥ

... Matko s girlandou šesti dokonalostí (velkorysost, píle, mravnost, soustředění, trpělivost, moudrost).

278.Om padmāsanāyai namaḥ

... Matko na lotosovém trůně.

279.Om bhagavatyai namaḥ

... Matko, jež ochraňuješ ty, kdož Tě uctívají.

280.Om padma-nābha-sahodaryai namaḥ

... Višnuova sestro.

281.Om unmeṣa-nimiṣotpanna-vipanna-bhuvanāvalyai namaḥ

... Matko, jež pouhým mrknutím oka dáváš vzniknout a zaniknout nesčetným světům.

282.Om sahasra-śīrṣa-vadanāyai namaḥ

... Matko tisícera hlav a tváří.

283.Om sahasrākṣyai namaḥ

... Matko tisíce očí.

284.Om sahasra-pade namaḥ

... Matko tisíce nohou.

285.Om ābrahma-kīṭa-jananyai namaḥ

... Matko všeho, Brahmy i nicotného hmyzu.

286.Om varṇāśrama-vidhāyinyai namaḥ

... Matko, jež jsi ustanovila dělbu společnosti a vtiskla jí řád.

287.Om nijājñā-rūpa-nigamāyai namaḥ

... Matko, jejíž příkazy nabyly podoby véd.

288.Om puṇyāpuṇya-phala-pradāyai namaḥ

... Matko, jež rozdělueš ovoce dobrých i špatných skutků.

289.Om śruti-sīmanta-sindūrī-kṛta-pādābja-dhūlikāyai namaḥ

... Matko, jež prachem Svých šlépějí tvoříš rumělkové ornamenty na čele bohyň šruti (personifikované védy).

290.Om sakalāgama-dansoha-śukti-sampuṭa-mauktikāyai namaḥ

... Matko, perlo ukrytá v lastuře svatých písem.

291.Om puruṣārtha-pradāyai namaḥ

... Matko naplňující čtvero aspektů lidského života (artha – bohatství, káma – touha, dharma – mravnost, mókša – osvobození).

292.Om pūrṇāyai namaḥ

... Matko, jež jsi vždy úplná.

293.Om bhoginyai namaḥ

... Matko, jež se ze všeho těšíš.

294.Om bhuvaneśvaryai namaḥ

... Matko, jež vládneš vesmíru.

295.Om ambikāyai namaḥ

... Matko vesmíru.

296.Om anādi-nidhanāyai namaḥ

... Matko bez začátku i konce.

297.Om hari-brahmendra-sevitāyai namaḥ

... Matko doprovázená Višnuem, Brahmou a Indrou.

298.Om nārāyaṇyai namaḥ

… Matko, jež jsi ženským protějškem Nárájany (Višnua).

299.Om nāda-rūpāyai namaḥ

… Matko, jež utváříš zvuk.

300.Om nāma-rūpa-vivarjitāyai namaḥ

… Matko bez jména a tvaru.

301.Om hrīṅ-kāryai namaḥ

… Matko, jež nabýváš tvaru slabiky hrím.

302.Om hrīmatyai namaḥ

… Matko obdařená skromností.

303.Om hṛdyāyai namaḥ

… Matko spočívající v srdci.

304.Om heyopādeya-varjitāyai namaḥ

… Matko, jež nic neodmítáš ani nepřijímáš.

305.Om rāja-rājārcitāyai namaḥ

… Matko, jíž se klaní i král králů (Šiva).

306.Om rājñyani namaḥ
... Matko, Šivova královno.

307.Om ramyāyai namaḥ
... Matko okouzlujícího půvabu.

308.Om rājīva-locanāyai namaḥ
... Matko s očima připomínajícíma lotos, srnu a rybu.

309.Om rañjinyai namaḥ
... Matko, jež umíš potěšit mysl.

310.Om ramaṇyai namaḥ
... Matko, jež přinášíš radost.

311.Om rasyāyai namaḥ
... Matko, jež jsi podstatou všeho potěšení.

312.Om raṇat-kiṅkiṇi-mekhalāyai namaḥ
... Matko s opaskem z cinkajících zvonků.

313.Om ramāyai namaḥ
... Matko, jež se dáváš poznat jako Lakšmí a Sarasvátí.

314.Om rākendu-vadanāyai namaḥ

... Matko s tváří půvabnou jako měsíc v úplňku.

315.Om rati-rūpāyai namaḥ

... Matko, jež se projevuješ jako Rati (Kámova žena).

316.Om rati-priyāyai namaḥ

... Matko, jíž Rati oddaně slouží.

317.Om rakṣā-karyai amaḥ

... Matko, má ochránkyně.

318.Om rākṣasa-ghnyai namaḥ

... Matko, jež přivádíš do záhuby celou kastu démonů.

319.Om rāmāyai namaḥ

... Matko, jež ztělesňuješ ženský princip.

320.Om ramaṇa-lampaṭāyai namaḥ

... Matko, jež jsi oddána Šivovi opanujícímu Tvé srdce.

321.Om kāmyāyai namaḥ

... Matko, nejvyšší dobro, po němž je třeba toužit.

322.Om kāma-kalā-rūpāyai namaḥ

... Matko, jejímž tvarem je kámakalá (spojení projeveného a neprojeveného, Šivy a Šakti).

323.Om kadamba-kusuma-priyāyai namaḥ

... Matko, již těší květy kadamby.

324.Om kalyāṇyai namaḥ

... Matko skýtající přízeň.

325.Om jagatī-kandāyai namaḥ

... Matko, jež jsi kořenem, z něhož vyrůstá celý svět.

326.Om karuṇā-rasa-sāgarāyai namaḥ

... Matko, oceáne soucitu.

327.Om kalāvatyai namaḥ

... Matko, jež ztělesňuješ všechna umění.

328.Om kalālāpāyai namaḥ

... Matko, jež sladce a melodicky promlouváš.

329.Om kāntāyai namaḥ
… Matko neskonalého půvabu.

330.Om kādambarī-priyāyai namaḥ
… Matko, jež se těšíš z obětované medoviny.

331.Om varadāyai namaḥ
… Matko, jež štědře prokazuješ dobrodiní.

332.Om vāma-nayanāyai namaḥ
… Matko s nádhernýma očima.

333.Om vāruṇī-mada-vihvalāyai namaḥ
… Matko, jež se opájíš nektarem blaženosti (váruní).

334.Om viśvādhikāyai namaḥ
… Matko, jež překračuješ vesmír.

335.Om veda-vedyāyai namaḥ
… Matko, rozpoznaná ve védách.

336.Om vindhyācala-nivāsinyai namaḥ
… Matko s domovem v pohoří Vindhjá.

337. Om vidhātryai namaḥ
... Matko tvořící a udržující tento vesmír.

338. Om veda-jananyai namaḥ
... Matko véd.

339. Om viṣṇu-māyāyai namaḥ
... Matko, jež jsi Višnuovou iluzorní mocí.

340. Om vilāsinyai namaḥ
... Matko her a dovádění.

341. Om kṣetra-svarūpāyai namaḥ
... Matko, jejímž tělem je hmota.

342. Om kṣetreśyai namaḥ
... Manželko Šivy, jenž je Pánem všeho stvořeného a tělem všech bytostí.

343. Om kṣetra-kṣetrajña-pālinyai namaḥ
... Matko, jež rozumíš hmotě, chráníš ji, a tak ochraňuješ tělo i duši.

344. Om kṣaya-vṛddhi-vinirmuktāyai namaḥ
... Matko, již nepostihuje růst ani úpadek.

345.Om kṣetra-pāla-samarcitāyai namaḥ

... Matko, již uctívá Kšetrapála (bůh obdělávané půdy).

346.Om vijayāyai namaḥ

... Vítězná Matko.

347.Om vimalāyai namaḥ

... Matko bez jediné stopy nečistoty.

348.Om vandyāyai namaḥ

... Matko, jež si zasloužíš být zbožňována.

349.Om vandāru-jana-vatsalāyai namaḥ

... Matko, jež nás zahrnuješ mateřskou láskou.

350.Om vāg-vādinyai namaḥ

... Matko, jež promlouváš ústy světců.

351.Om vāma-keśyai namaḥ

... Matko s překrásnými vlasy.

352.Om vahni-maṇḍala-vāsinyai namaḥ

... Matko, jež se nacházíš v ohňovém kruhu.

353.Om bhaktimat-kalpa-latikāyai namaḥ

... Matko, jež v podobě nebeského stromu kalpataru plníš lidská přání.

354.Om paśu-pāśa-vimocinyai namaḥ

... Matko, jež zbavuješ pout nevědomosti.

355.Om saṁhṛtāśeṣa-pāṣaṇḍāyai namaḥ

... Matko, jež hubíš nespravedlivé.

356.Om sadācāra-pravartikāyai namaḥ

... Matko, jež všechny ostatní podněcuješ svým příkladným jednáním.

357.Om tāpa-trayāgni-santapta-samāhlādana-candrikāyai namaḥ

... Matko, měsíční svite konejšící ty, jež popálil oheň trojího utrpení (z těla a mysli; z přírodních živlů; nadpřirozeného původu).

358.Om taruṇyai namaḥ

... nestárnoucí Matko.

359.Om tāpasārādhyāyai namaḥ

... Matko uctívaná askety.

360.Om tanu-madhyāyai namaḥ

... Matko útlá v pase.

361.Om tamopahāyai namaḥ

... Matko zbavující nevědomosti zrozené v tamasu (temnotě).

362.Om cityai namaḥ

... čistá Inteligence.

363.Om tat-pada-lakṣyārthāyai namaḥ

... Matko, jež vystupuješ jako Pravda (tat).

364.Om cid-eka-rasa-rūpiṇyai namaḥ

... Matko, jejíž přirozeností je čiré Vědomí.

365.Om svātmānandalavī-bhūta-brahmādyānanda-santatyai namaḥ

... Matko, před jejíž blažeností je i blaženost Brahmy nicotná.

366.Om parāyai namaḥ

... Matko, jež jsi všeprostupujícím transcendentálním zvukem.

367.Om pratyak-citī-rūpāyai namaḥ

... Matko, jež jsi neprojeveným Vědomím (na sebe hledící átmán).

368. Om paśyantyai namaḥ
... Matko, jež jsi neslyšitelným slovem (zvuk druhé úrovně).

369. Om para-devatāyai namaḥ
... Matko, jež jsi nejvyšší bohyní (Parášaktí).

370. Om madhyamāyai namaḥ
... Matko, jež stojíš uprostřed (dvou úrovní zvuku: pašjantí a vajkharí).

371. Om vakharī-rūpāyai namaḥ
... Matko, jež jsi projeveným (slyšitelným) zvukem.

372. Om bhakta-mānasa-haṁsikāyai namaḥ
... Matko, jež v podobě labutě pluješ po jezeře tiché mysli.

373. Om kāmeśvara-prāṇa-nāḍyai namaḥ
... Matko, živote boha Kámešvary.

374. Om kṛtajñāyai namaḥ
... Matko, jež znáš všechny mé skutky.

375. Om kāma-pūjitāyai namaḥ
... Matko uctívaná Kámou.

376.Om śṛṅgāra-rasa-sampūrṇāyai namaḥ

... Matko naplněná Láskou.

377.Om jayāyai namaḥ

... Matko, jež vždy a všude vítězíš.

378.Om jālandhara-sthitāyai namaḥ

... Matko, jež přebýváš ve svatyni Džálandhara (čakra višudhi).

379.Om oḍyāna-pīṭha-nilayāyai namaḥ

... Matko, jejíž příbytek se nalézá v odjáně (čakra adžna).

380.Om bindu-maṇḍala-vāsinyai namaḥ

... Matko, jež spočíváš v bindu mandale (tisíciplátečný lotos čakry sahasrára).

381.Om raho-yāga-kramārādhyāyai namaḥ

... Matko uctívaná tajnými obřady.

382.Om rahas-tarpaṇa-tarpitāyai namaḥ

... Matko, již těší rituální uctívání.

383.Om sadyaḥ-prasādinyai namaḥ

... Matko, jež svou milostí obdarováváš čistá srdce.

384.Om viśva-sākṣiṇyai namaḥ

... Matko, jež jako svědek pozoruješ celý vesmír.

385.Om sākṣi-varjitāyai namaḥ

... Matko, jež nemáš dalšího svědka.

386.Om ṣaḍ-aṅga-devatā-yuktāyai namaḥ

... Matko, již doprovází bohyně vládnoucí šesti oblastem (srdci, hlavě, vlasům, očím, brnění a zbraním).

387.Om ṣāḍ-guṇya-pari-pūritāyai namaḥ

... Matko, u níž se šestero předností (moc, odvaha, citová odpoutanost, sláva, příznivost, moudrost) projevilo ve své plnosti.

388.Om nitya-klinnāyai namaḥ

... Matko, jež jsi vždy plná soucitu.

389.Om nirupamāyai namaḥ

... Matko, již nelze k ničemu přirovnat.

390.Om nirvāṇa-sukha-dāyinyai namaḥ

... Matko, jež dáváš živým bytostem poznat blaženost nirvány (vyvanutí).

391.Om nityā-ṣoḍaśikā-rūpāyai namaḥ

... Matko, jež nabýváš podoby šestnácti bohyň nitjá.

392.Om śrīkaṇṭhārdha-śarīriṇyai namaḥ

... Matko, jež jsi z poloviny Šivou.

393.Om prabhāvatyai namaḥ

... Matko, již prostupuje záře.

394.Om prabhā-rūpāyai namaḥ

... Matko, jež jsi samotným světlem.

395.Om prasiddhāyai namaḥ

... Matko, jež jsi oslavována.

396.Om parameśvaryai namaḥ

... Matko, svrchovaná panovnice.

397.Om mūla-prakṛtyai namaḥ

... Matko, prvotní příčino vesmíru.

398.Om avyaktāyai namaḥ

... Matko, jež jsi neprojeveným vesmírem.

399.Om vyaktāvyakta-svarūpiṇyai namaḥ
... Matko, jež jsi projeveným i neprojeveným vesmírem.

400.Om vyāpinyai namaḥ
... Matko, jež jsi přítomna ve všem.

401.Om vividhākārāyai namaḥ
... Matko nesčetných podob.

402.Om vidyāvidyā-svarūpiṇyai namaḥ
... Matko, jež jsi poznáním i nevědomostí.

403.Om mahā-kāmeśa-nayana-kumudāhlāda-kaumudyai namaḥ
... Měsíční svite přinášející potěchu leknínům očí svého chotě.

404.Om bhakta-hārda-tamo-bheda-bhānumad-bhānu-santatyai namaḥ
... Sluneční paprsku zahánějící temnotu v neprobuzeném srdci.

405.Om śiva-dūtyai namaḥ
... Matko, jejímž poslem je Šiva.

406.Om śivārādhyāyai namaḥ
... Matko, již uctívá Šiva.

407.Om śiva-mūrtyai namaḥ
... Matko vystupující jako Šiva.

408.Om śivaṅkaryai namaḥ
... Matko přinášející přízeň (proměňující oddané v Šivu).

409.Om śiva-priyāyai namaḥ
... Matko, již Šiva nade vše miluje.

410.Om śiva-parāyai namaḥ
... Matko, jež jsi bezvýhradně oddána Šivovi.

411.Om śiṣṭeṣṭāyai namaḥ
... Matko, již spravedliví chovají ve svém srdci.

412.Om śiṣṭa-pūjitāyai namaḥ
... Matko, již spravedliví vždy uctívají.

413.Om aprameyāyai namaḥ
... Matko, již smysly nedokážou uchopit.

414.Om svaprakāśāyai namaḥ

... Matko, jež jsi sama sobě zdrojem světla.

415.Om mano-vācām-agocarāyai namaḥ

... Matko, jež se nacházíš za hranicemi mysli a řeči.

416.Om cichaktyai namaḥ

... Sílo Vědomí.

417.Om cetanā-rūpāyai namaḥ

... Ryzí Vědomí.

418.Om jaḍa-śaktyai namaḥ

... Matko, proměněná v tvořivou sílu.

419.Om jaḍātmikāyai namaḥ

... Matko tvořící neživý svět.

420.Om gāyatryai namaḥ

... Matko představující mantru gájatrí.

421.Om vyāhṛtyai namaḥ

... Matko, jež vládneš schopnosti řeči.

422. Om sandhyāyai namaḥ
... Matko, jež máš podobu soumraku.

423. Om dvija-vṛnda-niṣevitāyai namaḥ
... Matko, již uctívají podruhé narození (bohové a světci).

424. Om tattvāsanāyai namaḥ
... Matko sedící na trůně z třiceti šesti vesmírných prvků/ nacházející se v tattvě (vnitřní Pravdě).

425. Om tasmai namaḥ
... Matko, již vystihuje slabika tat (To, Nejvyšší Pravda).

426. Om tubhyam namaḥ
... Matko, na niž poukazuje slabika tvam (Ty).

427. Om ayyai namaḥ
... drahá Matko.

428. Om pañca-kośāntara-sthitāyai namaḥ
... Matko obklopená pěti obaly (pět kóš – fyzické tělo, energetické, duševní, duchovní, kauzální).

429.Om niḥsīma-mahimne namaḥ
... Matko bezmezné slávy.

430.Om nitya-yauvanāyai namaḥ
... Matko, jež nikdy nezestárneš.

431.Om mada-śālinyai namaḥ
... Matko, jež spočíváš v blaženém opojení.

432.Om mada-ghūrṇita-raktākṣyai namaḥ
... Matko, jež ve vytržení obracíš své zčervenalé oči k nebi.

433.Om mada-pāṭala-gaṇḍa-bhuve namaḥ
... Matko s tvářemi zčervenalými extází.

434.Om candana-drava-digdhāṅgyai namaḥ
... Matko s tělem potřeným pastou ze santalového dřeva.

435.Om cāmpeya-kusuma-priyāyai namaḥ
... Matko, již těší rozkvetlé michélie.

436.Om kuśalāyai namaḥ
... Matko oplývající dovednostmi (jimiž chráníš před nebezpečím).

437.Om komalākārāyai namaḥ

... Matko zářící půvabem.

438.Om kurukullāyai namaḥ

... Matko vystupující jako bohyně Kurukula (ve Šrí Čakře).

439.Om kuleśvaryai namaḥ

... Matko, vládkyně kuly (triáda poznávajícího, poznávaného a poznání).

440.Om kula-kuṇḍālayāyai namaḥ

... Matko přebývající ve středu muládháry (kořenová čakra).

441.Om kaula-mārga-tatpara-sevitāyai namaḥ

... Matko, již uctívá (tantrická) tradice kaula.

442.Om kumāra-gaṇanāthāmbāyai namaḥ

... Matko, jež vstupuješ do cesty egoismu a ukazuješ cestu k osvobození.

443.Om tuṣṭyai namaḥ

... Matko, jež jsi vždy šťastná.

444.Om puṣṭyai namaḥ

... Matko, jež jsi silou vyživující vše živé.

445. Om matyai namaḥ

... Matko, jež se projevuješ jako inteligence.

446. Om dhṛtyai namaḥ

... Matko, jež jsi ztělesněním statečnosti (mravní síly).

447. Om śāntyai namaḥ

... Matko, jež jsi tichem, mírem, pokojem.

448. Om svasti-matyai namaḥ

... Matko, jež jsi Nejvyšší Pravdou.

449. Om kāntyai namaḥ

... Matko, jež záříš (jež jsi silou vůle).

450. Om nandinyai namaḥ

... Matko, jež přinášíš potěšení.

451. Om vighna nāśinyai namaḥ

... Matko, jež překonáváš všechny překážky.

452. Om tejovatyai namaḥ

... Matko, jež jsi plná zářícího světla.

453.Om tri-nayanāyai namaḥ

… Matko se třema očima (slunce, měsíc, oheň).

454.Om lolākṣī-kāma-rūpiṇyai namaḥ

… Matko, jež v ženách záříš jako láska.

455.Om mālinyai namaḥ

… Matko ověnčená girlandami.

456.Om haṁsinyai namaḥ

… Matko, již od dokonalého jogína (hamsa) nic nedělí.

457.Om mātre namaḥ

… Matko vesmíru.

458.Om malayācala-vāsinyai namaḥ

… Matko, jež sídlíš na hoře Malaja.

459.Om sumukhyai namaḥ

… Matko s líbeznou tváří.

460.Om nalinyai namaḥ

… Matko s tělem hebkým a krásným jako lotosové květy.

461.Om subhruve namaḥ
... Matko s půvabným obočím.

462.Om śobhanāyai namaḥ
... Matko neskomírající záře.

463.Om suranāyikāyai namaḥ
... Matko kráčející v čele všech bohů.

464.Om kālakaṇṭhyai namaḥ
... Manželko Kálakanty (Šivy).

465.Om kānti-matyai namaḥ
... Matko prosvětlená jasem.

466.Om kṣobhiṇyai namaḥ
... Matko jitřící mysl.

467.Om sūkṣma-rūpiṇyai namaḥ
... Matko jemné podoby, již nelze uchopit smysly.

468.Om vajreśvaryai namaḥ
... Matko, jež jsi bohyní Vadžrešvarí (šestá z bohyň přibývajícího měsíce).

469.Om vāma-devyai namaḥ

… Matko, jež jsi manželkou Vámadévy (Šivy).

470.Om vayovasthā-vivarjitāyai namaḥ

… Matko, jež nepodléháš změnám způsobeným plynutím času.

471.Om siddheśvaryai namaḥ

… Matko, již duchovní aspiranti uctívají jako bohyni.

472.Om siddha-vidyāyai namaḥ

… Matko skrytá v patnáctislabičné mantře.

473.Om siddha-mātre namaḥ

… Matko všech siddhů (jogínů).

474.Om yaśasvinyai namaḥ

… Matko bezmezného věhlasu.

475.Om viśuddhi-cakra-nilayāyai namaḥ

… Matko, jež sídlíš v čakře višudhi.

476.Om ārakta-varṇāyai namaḥ

… Matko s načervenalou pletí.

477.Om tri-locanāyai namaḥ

... Matko se třema očima.

478.Om khaṭvāṅgādi-praharaṇāyai namaḥ

... Matko vyzbrojená kyjem a dalšími zbraněmi.

479.Om vadanaika-samanvitāyai namaḥ

... Matko jediné tváře.

480.Om pāyasānna-priyāyai namaḥ

... Matko zbožňující sladkou rýži.

481.Om tvaksthāyai namaḥ

... Bohyně doteku.

482.Om paśu-loka-bhayaṅkaryai namaḥ

... Matko, jež zaséváš hrůzu do srdcí smrtelníků pomýlených samsárou.

483.Om amṛtādi-mahāśakti-saṁvṛtāyai namaḥ

... Matko, jejíž družinu tvoří Amrita a další bohyně krční čakry.

484.Om ḍākinīśvaryai namaḥ

... Matko, jež máš podobu bohyně Dákiní (viz devět manter výše).

485.Om anāhatābja-nilayāyai namaḥ

... Matko prodlévající v lotosu srdeční čakry (anáhata).

486.Om śyāmābhāyai namaḥ

... Matko s černou pletí.

487.Om vadana-dvayāyai namaḥ

... Matko dvojí tváře (existující v podobě protikladů).

488.Om daṁṣṭrojjvalāyai namaḥ

... Matko ozdobená dvojicí nablýskaných klů.

489.Om akṣa-mālādi-dharāyai namaḥ

... Matko ověnčená girlandou z rudrakšových korálků a jiných ozdob.

490.Om rudhira-saṁsthitāyai namaḥ

... Matko dohlížející na oběh krve v tělech živých bytostí.

491.Om kāla-rātryādi-śaktyaugha-vṛtāyai namaḥ

... Matko, již obklopuje Kálarátrí a další bohyně srdeční čakry.

492.Om snigdhaudana-priyāyai namaḥ

... Matko, již těší obětované jídlo obsahující ghí, olej či jiný tuk.

493.Om mahā-vīrendra-varadāyai namaḥ
... Matko žehnající udatným válečníkům.

494.Om rākiṇyambā-svarūpiṇyai namaḥ
... Matko, jež se projevuješ jako bohyně Rákiní (viz devět manter výše).

495.Om maṇipūrābja-nilayāyai namaḥ
... Matko, jež sídlíš v desetiplátečném lotosu břišní čakry (manipúra).

496.Om vadana-traya-samyutāyai namaḥ
... Matko trojí tváře.

497.Om vajdrādikāyudhopetāyai namaḥ
... Matko třímající vadžru a další zbraně.

498.Om ḍāmaryādibhir-āvṛtāyai namaḥ
... Matko, již doprovází Dámarí a další bohyně břišní čakry.

499.Om rakta-varṇāyi namaḥ
... Matko s červenou pletí.

500.Om māṁsa-niṣṭhāyai namaḥ
... Matko, jež máš ve své moci těla všech živých bytostí.

501.Om guḍānna-prīta-mānasāyai namaḥ

... Matko, jež s potěšením ochutnáváš sladkou rýži.

502.Om samasta-bhakta-sukhadāyai namaḥ

... Matko, jež naplňuješ srdce věřících štěstím.

503.Om lākinyambā-svarūpiṇyai namaḥ

... Matko, jež na sebe bereš podobu bohyně Lákiní.

504.Om svādhiṣṭhānāmbuja-gatāyai namaḥ

... Matko přebývající v čakře svádhištána (koncový bod páteře).

505.Om catur-vaktra-manoharāyai namaḥ

... Matko čtvera tváří, jimiž dokážeš očarovat mysl.

506.Om śūlādyāyudha-sampannāyai namaḥ

... Matko, jež v rukou třímáš trojzubec a mnohé další zbraně.

507.Om pīta-varṇāyai namaḥ

... Matko vrhající zlaté odlesky.

508.Om ati-garvitāyai namaḥ

... Matko zasluhující nejvyšší úctu.

509.Om medo-niṣṭhāyai namaḥ

... Matko přítomná v tuku živých bytostí.

510.Om madhu-prītāyai namaḥ

... Matko těšící se z medových obětin.

511.Om bandhinyādi-samanvitāyai namaḥ

... Matko, již doprovází bohyně Bandhiní a pět dalších bohyň šakti.

512.Om dadhyannāsakta-hṛdayāyai namaḥ

... Matko, jež s radostí přijímáš obětovaný pokrm z jogurtu.

513.Om kākinī-rūpa-dhāriṇyai namaḥ

... Matko, jež na sebe bereš podobu bohyně Kákiní (viz devět manter výše).

514.Om mūlādhārāmbujārūḍhāyai namaḥ

... Matko se sídlem ve čtyřplátečném lotosu múládháry.

515.Om pañca-vaktrāyai namaḥ

... Matko pěti tváří (hledící do čtyř světových stran a vzhůru).

516.Om asthi-saṁsthitāyai namaḥ

... Matko, jež tvoříš kosti živých bytostí.

517.Om aṇkuśādi-praharaṇāyai namaḥ

... Matko vyzbrojená bodcem a dalšími zbraněmi.

518.Om varadādi-niṣevitāyai namaḥ

... Matko, již doprovází bohyně Varadá a další šakti.

519.Om mudgaudanāsakta-cittāyai namaḥ

... Matko, již těší milodary z rýže a vařené zeleniny.

520.Om sākinyambā-svarūpiṇyai namaḥ

... Matko uctívaná v podobě bohyně Sákiní (viz šest manter výše).

521.Om ājñā-cakrābja-nilayāyai namaḥ

... Matko sídlící v adžně.

522.Om śukla-varṇāyai namaḥ

... Matko s bělostnou pletí.

523.Om ṣaḍ-ānanāyai namaḥ

... Matko šesti tváří (viz šest šáster).

524.Om majjā-saṁsthāyai namaḥ

... Matko přebývající v kostní dřeni živých bytostí.

525.Om haṁsa-vatī-mukhya-śakti-samanvitāyai namaḥ

... Matko, již doprovází bohyně Hamsavatí a Kšamavatí.

526.Om haridrānnaika-rasikāyai namaḥ

... Matko, jež s oblibou přijímáš obětované pokrmy z šafránové rýže.

527.Om hākinī-rūpa-dhāriṇyai namaḥ

... Matko projevující se jako bohyně Hákiní (viz šest manter výše).

528.Om sahasra-dala-padmasthāyai namaḥ

... Matko přebývající v tisíciplátečném lotosu sahasráry.

529.Om sarva-varṇnopaśobhitāyai namaḥ

... Matko zářící všemi barvami.

530.Om sarvāyudha-dharāyai namaḥ

... Matko vyzbrojená všemi myslitelnými zbraněmi.

531.Om śukla-saṁsthitāyai namaḥ

... Matko, jež vládneš tělním tekutinám.

532.Om sarvatomukhyai namaḥ

... Matko hledící všemi směry.

533.Om sarvaudana-prīta-cittāyai namaḥ

... Matko, již dojímají obětované pokrmy.

534.Om yākinyambā-svarūpiṇyai namaḥ

... Matko uctívaná v podobě bohyně Jákiní (viz šest manter výše).

535.Om svāhāyai namaḥ

... Matko, již (u obětního ohně) vzýváme slabikami sváhá.

536.Om svadhāyai namaḥ

... Matko, k níž (při rituálním uctění předků) míří zvolání svadhá.

537.Om amatyai namaḥ

... Matko, jež jsi nevědomostí (či nevědomím).

538.Om medhāyai namaḥ

... Matko, jež jsi inteligencí (poznáním).

539.Om śrutyai namaḥ

... Matko ukrytá ve védách.

540.Om smṛtyai namaḥ

... Matko ztělesňující paměť.

541.Om anuttamāyai namaḥ
... Matko, jíž se nic nevyrovná.

542.Om puṇya-kīrtyai namaḥ
... Matko oslavovaná vznešenými.

543.Om puṇya-labhyāyai namaḥ
... Matko, k níž lze dospět jen skrze zásluhy.

544.Om puṇya-śravaṇa-kīrtanāyai namaḥ
... Matko, jež projevuješ náklonnost tomu, kdo Ti naslouchá a blahořečí.

545.Om pulomajārcitāyai namaḥ
... Matko uctívaná bohyní Pulomadžou (Indrovou ženou).

546.Om bandha-mocinyai namaḥ
... Matko, jež přetínáš pouta samsáry.

547.Om barbarālakāyai namaḥ
... Matko s tváří orámovanou zlatými kadeřemi.

548.Om vimarśa-rūpiṇyai namaḥ
... Matko, jež máš moc tvořit, zachovávat a ničit.

549.Om vidyāyai namaḥ

... Matko, jež jsi poznáním vedoucím k uvědomění si Pravdy.

550.Om viyadādi-jagat-prasuve namaḥ

... Matko, jež jsi počátkem vesmíru.

551.Om sarva-vyādhi-praśamanyai namaḥ

... Matko, jež vyléčíš vše zlé.

552.Om sarva-mṛtyu-nivāriṇyai namaḥ

... Matko, jež uchráníš od jakékoli smrti.

553.Om agra-gaṇyāyai namaḥ

... Matko, jíž náleží všechna prvenství.

554.Om acintya-rūpāyai namaḥ

... Matko čekající za hranicemi mysli.

555.Om kali-kalmaṣa-nāśinyai namaḥ

... Matko spalující hříchy temné doby (kalijugy).

556.Om kātyāyanyai namaḥ

... Kátjájaní, dcero mudrce a světlo všech božstev.

557.Om kāla-hantryai namaḥ

... Matko, s níž končí všechen čas.

558.Om kamalākṣa-niṣevitāyai namaḥ

... Matko uctívaná Višnuem s lotosovýma očima.

559.Om tāmbūla-pūrita-mukhyai namaḥ

... Matko s ústy zčernalými od betelu.

560.Om dāḍimī-kusuma-prabhāyai namaḥ

... Matko zářící jako květy marhaníku.

561.Om mṛgākṣyai namaḥ

... Matko, bohyně oslnivé krásy.

562.Om mohinyai namaḥ

... okouzlující Matko.

563.Om mukhyāyai namaḥ

... Matko, jež jsi prvotním projevem.

564.Om mṛḍānyai namaḥ

... Matko, jež jsi manželkou Mridy (Šiva přinášející štěstí).

565.Om mitra-rūpiṇyai namaḥ

... Matko, jež ztělesňuješ vše příznivé.

566.Om nitya-tṛptāyai namaḥ

... Matko neutuchající spokojenosti.

567.Om bhakta-nidhaye namaḥ

... Matko, poklade všech věřících.

568.Om niyantryai namaḥ

... Matko, jež přivádíš všechny bytosti na správnou cestu a bdíš nad nimi.

569.Om nikhileśvaryai namaḥ

... Matko kralující všem světům.

570.Om maitryādi-vāsanā-labhyāyai namaḥ

... Matko, k níž vede stezka dobroty a laskavosti.

571.Om mahā-pralaya-sākṣiṇyai namaḥ

... Matko, jež přihlížíš zániku vesmíru.

572.Om parāśaktyai namaḥ

... Matko, jež jsi Nejvyšší silou.

573.Om parā-niṣṭhāyai namaḥ

... Matko, jež jsi Nejzazším cílem.

574.Om prajñāna-ghana-rūpiṇyai namaḥ

... Matko, jež jsi emanací čirého Poznání.

575.Om mādhvī-pānālasāyai namaḥ

... Matko, jež se zalykáš sladkým nektarem.

576.Om mattāyai namaḥ

... Matko, jež jsi vědomím Šivy.

577.Om mātṛkā-varṇa-rūpiṇyai namaḥ

... Matko živoucí v písmenech abecedy.

578.Om mahā-kailāsa-nilayāyai namaḥ

... Matko s domovem na hoře Kailás.

579.Om mṛṇāla-mṛdu-dor-latāyai namaḥ

... Matko s pažemi útlými jako stonky lotosu.

580.Om mahanīyāyai namaḥ

... Matko zasluhující obdiv.

581.Om dayā-mūrtyai namaḥ

… Matko, ztělesnění soucitu.

582.Om mahā-sāmrājya-śālinyai namaḥ

… Matko, jež vládneš veliké říši tří světů.

583.Om ātma-vidyāyai namaḥ

… Matko, jež jsi poznáním Sebe.

584.Om mahā-vidyāyai namaḥ

… Matko, klenotnice velkého poznání (poznání Sebe).

585.Om śrī-vidyāyai namaḥ

… Matko, jež představuješ posvátný souhrn všeho vědění.

586.Om kāma-sevitāyai namaḥ

… Matko, již uctívá Káma.

587.Om śrī-ṣoḍaśākṣarī-vidyāyai namaḥ

… Matko, jež jsi božskou mantrou čítající patnáct slabik.

588.Om trikūṭāyai namaḥ

… Matko, jež jsi trojjediná.

589.Om kāma-koṭikāyai namaḥ

... Matko, vůči níž je i Káma zcela nepatrný.

590.Om kaṭākṣa-kiṅkarī-bhūta-kamalā-koṭi-sevitāyai namaḥ

... Matko, jež sis jediným pohledem podmanila bohyně blahobytu.

591.Om śiraḥ-sthitāyai namaḥ

... Matko, jež spočíváš v čakře na vrcholu hlavy.

592.Om candra-nibhāyai namaḥ

... Matko s démantovými odlesky měsíce.

593.Om bhālasthāyai namaḥ

... Matko, jež se nalézáš uprostřed čela.

594.Om indra-dhanuḥ-prabhāyai namaḥ

... Matko, jež záříš v barvách duhy.

595.Om ḥrdayasthāyai namaḥ

... Matko, jež přebýváš v srdci.

596.Om ravi-prakhyāyai namaḥ

... Matko, jež se skvíš jako ranní rozbřesk.

597.Om trikoṇāntara-dīpikāyai namaḥ
... Matko, jež se ukrýváš uprostřed múládháry.

598.Om dākṣāyaṇyai namaḥ
... Matko, jež na sebe bereš podobu Satídéví.

599.Om daitya-hantryai namaḥ
... Matko hubící démony.

600.Om dakṣa-yajña-vināśinyai namaḥ
... Matko, jež jsi zastavila oběť mudrce Dakšy.

601.Om darāndolita-dīrghākṣyai namaḥ
... Matko s očima tvaru mandlí, jež se chvějí božskou láskou.

602.Om dara-hāsojjvalan-mukhyai namaḥ
... Matko s tváří zkrášlenou něžným úsměvem.

603.Om guru-mūrtaye namaḥ
... Matko, jež na sebe bereš podobu gurua.

604.Om guṇa-nidhaye namaḥ
... Matko, jež jsi pokladnicí ctností.

605.Om go-mātre namaḥ
... Surabhí, jež vyplníš všechna přání.

606.Om guha-janma-bhuve namaḥ
... Matko, jež jsi matkou Murugana (boha války).

607.Om deveśyai namaḥ
... Matko vládnoucí všem božstvům.

608.Om daṇḍa-nītisthāyai namaḥ
... Matko, jíž náleží trůn spravedlnosti.

609.Om daharākāśa-rūpiṇyai namaḥ
... Matko spočívající v srdci jako pravé Bytí.

610.Om pratipan-mukhya-rākānta-tithi-maṇḍala-pūjitāyai namaḥ
... Matko, jíž je zasvěcen den úplňku.

611.Om kalātmikāyai namaḥ
... Matko, jež představuješ části tvořící celek.

612.Om kalā-nāthāyai namaḥ
... Matko, jež opatruješ všechny části.

613.Om kāvyālāpa-vinodinyai namaḥ

... Matko, jež s potěšením nasloucháš poezii.

614.Om sacāmara-ramā-vāṇī-savya-dakṣiṇa-sevitāyai namaḥ

... Matko, již doprovází Lakšmí (po levici) a Šarasvátí (po pravici) nesoucí obřadní vějíře.

615.Om ādiśaktyai namaḥ

... Matko, jež jsi prvotní silou, příčinou vesmíru.

616.Om ameyāyai namaḥ

... Matko nezměrné velikosti.

617.Om ātmane namaḥ

... Matko, jež jsi duší každé živé bytosti (átman).

618.Om paramāyai namaḥ

... Matko, jež jsi Nejvyšší Svrchovaností.

619.Om pāvanākṛtaye namaḥ

... Matko, jež jsi projevenou posvátností.

620.Om aneka-koṭi-brahmāṇḍa-jananyai namaḥ
... Matko, jež jsi stvořila miliony světů.

621.Om divya-vigrahāyai namaḥ
... Matko s božským tělem/ bojující na nebi (proti démonům).

622.Om klīṅkāryai namaḥ
... Matko, jež představuješ posvátnou slabiku klím.

623.Om kevalāyai namaḥ
... Matko, jež jsi nerozlišeným Absolutnem.

624.Om guhyāyai namaḥ
... Matko, již uctívá v ústraní hrstka věrných.

625.Om kaivalya-pada-dāyinyai namaḥ
... Matko, jež dáváš pocítit stav nejvyšší Krásy.

626.Om tripurāyai namaḥ
... Matko, jež jsi trojjedinou bohyní.

627.Om trijagad-vandyāyai namaḥ
... Matko, již uctívají bytosti všech tří světů.

628.Om tri-mūrtyai namaḥ

... Matko, jež představuješ božskou Trojici (Brahma, Višnu a Šiva).

629.Om tridaśeśvaryai namaḥ

... Matko, jež vládneš všem bohům.

630.Om tryakṣaryai namaḥ

... Matko, jejíž tělo je tvořeno trojicí písmen či slabik.

631.Om divya-gandhāḍhyāyai namaḥ

... Matko, již obklopuje nebeská vůně.

632.Om sindūra-tilakāñcitāyai namaḥ

... Matko, s čelem ozdobeným nachovým tilakem.

633.Om umāyai namaḥ

... Umo (spojení Šivy a Lakšmí).

634.Om śailendra-tanayāyai namaḥ

... dcero krále Himavata.

635.Om gauryai namaḥ

... Gaurí s bělostnou pletí.

636.Om gandharva-sevitāyai namaḥ
... Matko, jíž slouží nebeští hudebníci (gandharvové).

637.Om viśva-garbhāyai namaḥ
... Matko, jež ve svých útrobách skrýváš celý vesmír.

638.Om svarṇa-garbhāyai namaḥ
... Matko, jež jsi příčinou vesmíru.

639.Om avaradāyai namaḥ
... Matko, jež hubíš démony neřesti.

640.Om vāg-adhīśvaryai namaḥ
... Bohyně řeči.

641.Om dhyāna-gamyāyai namaḥ
... Matko, k níž vede cesta meditace.

642.Om apari-cchedyāyai namaḥ
... Matko, jež jsi nekonečnem bez hranic.

643.Om jñānadāyai namaḥ
... Matko odhalující Nejvyšší Poznání (džňánu).

644.Om jñāna-vigrahāyai namaḥ
... Matko ztělesňující Nejvyšší Poznání.

645.Om sarva-vedānta-saṁvedyāyai namaḥ
... Matko vyobrazená v upanišádách.

646.Om satyānanda-svarūpiṇyai namaḥ
... Matko, jež jsi Nejvyšší Pravdou a Blažeností.

647.Om lopāmudrārcitāyai namaḥ
... Matko, již uctívá Lopámudra (žena mudrce Agastji).

648.Om līlā-klṛpta-brahmāṇḍa-maṇḍalāyai namaḥ
... Matko, jež s hravostí tvoříš nové světy.

649.Om adṛśyāyai namaḥ
... Matko, již nelze spatřit obyčejným zrakem.

650.Om dṛśya-rahitāyai namaḥ
... Matko, jež nic nevidíš (protože vše je Tebou).

651.Om vijñātryai namaḥ
... Matko, jež znáš pravdu o stvořeném vesmíru.

652.Om vedya-varjitāyai namaḥ
... Matko, jíž není nic neznámé.

653.Om yoginyai namaḥ
... Jóginí (spočívající ve věčné jednotě s Parašivou).

654.Om yogadāyai namaḥ
... Matko, jež dáváš zakoušet stav jógy (Jednoty).

655.Om yogyāyai namaḥ
... Matko zasluhující (zahrnující) všechny druhy jógy.

656.Om yogānandāyai namaḥ
... Blaženosti, jíž lze zakoušet skrze jógu.

657.Om yugandharāyai namaḥ
... Matko čtvera epoch (satjajuga, tretajuga, dvaparajuga, kalijuga).

658.Om icchā-śakti-jñāna-śakti-kriyā-śakti-svarūpiṇyai namaḥ
... Matko představující sílu vůle, poznání a jednání.

659.Om sarvādhārāyai namaḥ
... Matko, o níž se vše opírá.

660.Om supratiṣṭhāyai namaḥ

... Matko představující pevný základ veškeré existence.

661.Om sad-asad-rūpa-dhāriṇyai namaḥ

... Matko, jež jsi bytím i nebytím (sat a asat).

662.Om aṣṭa-mūrtyai namaḥ

... Matko osmi podob (země, voda, oheň, vzduch, éter, slunce/intelekt, měsíc/mysl, vtělená lidská duše/ego).

663.Om ajā-jaitryai namaḥ

... Matko, jež pomáháš překonat nevědomost.

664.Om loka-yātrā-vidhāyinyai namaḥ

... Matko, jež spravuješ celý vesmír.

665.Om ekākinyai namaḥ

... Matko, jež jsi samojediná.

666.Om bhūma-rūpāyai namaḥ

... Matko, jejíž povahu nelze vymezit.

667.Om nir-dvaitāyai namaḥ

... Matko, jež nemáš protikladu.

668.Om dvaita-varjitāyai namaḥ

... Matko, jež se nacházíš za obzorem dvojnosti.

669.Om annadāyai namaḥ

... Matko, jež přinášíš obživu všem bytostem.

670.Om vasudāyai namaḥ

... Matko, jež jsi zdrojem všeho bohatství.

671.Om vṛddhāyai namaḥ

... Prvotní Příčino.

672.Om brahmātmaikya-svarūpiṇyai namaḥ

... Matko, v níž se snoubí brahma (neprojevená realita) a átmán (individuální duše).

673.Om bṛhatyai namaḥ

... Matko, jež jsi nezměrná.

674.Om brāhmaṇyai namaḥ

... Matko prostoupená sattvou.

675.Om brāhmyai namaḥ

... Matko všech jazyků a řečí.

676.Om brahmānandāyai namaḥ

... Matko, navždy ponořená v blaženost brahma.

677.Om bali-priyāyai namaḥ

... Matko, jíž srdce jihne nad obětovanými dary.

678.Om bhāṣā-rūpāyai namaḥ

... Matko vtělená do lidské řeči.

679.Om bṛhat-senāyai namaḥ

... Matko velící mocné armádě.

680.Om bhāvābhāva-vivarjitāyai namaḥ

... Matko překračující bytí i nebytí.

681.Om sukhārādhyāyai namaḥ

... Matko, již je snadné uctívat.

682.Om śubha-karyai namaḥ

... Matko, jež stojíš za vším příznivým.

683.Om śobhanā-sulabhā-gatyai namaḥ
... Matko, k níž vede schůdná cesta zalitá světlem.

684.Om rāja-rājeśvaryai namaḥ
... Matko, jež vládneš králům i císařům.

685.Om rājya-dāyinyai namaḥ
... Matko, jež rozhoduješ, kdo bude vládnout.

686.Om rājya-vallabhāyai namaḥ
... Matko, jež ochraňuješ všechna panství.

687.Om rājat-kṛpāyai namaḥ
... Matko, jejíž bezbřehý soucit každého uchvátí.

688.Om rāja-pīṭha-niveśita-nijāśritāyai namaḥ
... Matko, jež usazuješ na královské trůny ty, kdož se Ti odevzdali.

689.Om rājya-lakṣmyai namaḥ
... Matko ztělesňující blahobyt světa.

690.Om kośa-nāthāyai namaḥ
... Matko, jež dohlížíš nad pokladnicemi.

691.Om catur-aṅga-baleśvaryai namaḥ

... Matko, jež velíš čtveru vyzbrojených armád (slonů, vozatajů, koní a lidí).

692.Om sāmrājya-dāyinyai namaḥ

... Matko, jež uděluješ císařskou moc.

693.Om satya-sandhāyai namaḥ

... Matko, jež jsi oddána Pravdě.

694.Om sāgara-mekhalāyai namaḥ

... Matko Země, obklopená věncem oceánů.

695.Om dīkṣitāyai namaḥ

... Matko, jíž váže slib (potírat neřest a chránit ctnost).

696.Om daitya-śamanyai namaḥ

... Matko, jež vždy rozprášíš síly zla.

697.Om sarva-loka-vaśaṅkaryai namaḥ

... Matko, jež poroučíš všem světům.

698.Om sarvārtha-dātryai namaḥ

... Matko, jež plníš všechna přání.

699.Om sāvitryai namaḥ
... Matko, jež jsi tvořivou silou vesmíru (Matka Slunce).

700.Om sac-cid-ānanda-rūpiṇyai namaḥ
... Matko, jež jsi Bytím, Vědomím, Blažeností.

701.Om deśa-kālāparicchinnāyai namaḥ
... Matko, jež přesahuješ čas i prostor.

702.Om sarvagāyai namaḥ
... Matko, jež prostupuješ všemi světy a všemi bytostmi.

703.Om sarva-mohinyai namaḥ
... Matko, jež všechny klameš.

704.Om sarasvatyai namaḥ
... Sarasvátí (Bohyně moudrosti a umění).

705.Om śāstramayyai namaḥ
... Matko, jež ztělesňuješ svatá písma.

706.Om guhāmbāyai namaḥ
... Matko, jež jsi vdechla život Subrahmanjovi (hubiteli démonů).

707.Om guhya-rūpiṇyai namaḥ

... Matko, jejíž podoba je tajemstvím.

708.Om sarvopādhi-vinirmuktāyai namaḥ

... Matko, již nic neomezuje.

709.Om sadāśiva-pativratāyai namaḥ

... Matko, jež jsi oddanou manželkou Sadášivy.

710.Om sampadāyeśvaryai namaḥ

... Matko, jež střežíš posvátné tradice.

711.Om sādhune namaḥ

... Matko, jež překypuješ vyrovnaností.

712.Om yai namaḥ

... Matko, jež představuješ slabiku jai (Višnuovu sestru, viz).

713.Om guru-maṇḍala-rūpiṇyai namaḥ

... Matko, jež na sebe bereš podobu linie guruů.

714.Om kulottīrṇāyai namaḥ

... Matko, jež přesahuješ hranice smyslů.

715.Om bhagārādhyāyai namaḥ
... Matko, jež jsi uctívána v podobě slunečního kotouče.

716.Om māyāyai namaḥ
... Matko, jež jsi vesmírnou iluzí.

717.Om madhumatyai namaḥ
... Matko, jež jsi sladká jako med.

718.Om mahyai namaḥ
... Matko, o níž se vše opírá (Matka Země).

719.Om gaṇāmbāyai namaḥ
... Matko Šivovy a Ganéšovy armády.

720.Om guhyakārādhyāyai namaḥ
... Matko, jež jsi uctívána nižšími božstvy.

721.Om komalāṅgyai namaḥ
... Matko, něžná a půvabná.

722.Om guru-priyāyai namaḥ
... Matko, již miluje velký guru (Šiva).

723.Om svatantrāyai namaḥ

... Matko, jež jsi prosta všech omezení.

724.Om sarva-tantreśyai namaḥ

... Matko, bohyně všech tanter.

725.Om dakṣiṇā-mūrti-rūpiṇyai namaḥ

... Matko, jež na sebe bereš podobu Dakšinámúrtiho (Šivy).

726.Om sanakādi-samārādhyāyai namaḥ

... Matko, již uctívá asketa Sanaka a mnozí další.

727.Om śiva-jñāna-pradāyinyai namaḥ

... Matko, jež nám umožňuješ poznat Šivu.

728.Om cit-kalāyai namaḥ

... Matko, jež jsi Vědomím v brahma.

729.Om ānanda-kalikāyai namaḥ

... Poupě Blaženosti.

730.Om prema-rūpāyai namaḥ

... Čistá Lásko.

731.Om priyaṅkaryai namaḥ
... Matko, jež dáváš, o co žádám.

732.Om nāma-pārāyaṇa-prītāyai namaḥ
... Matko, jež s radostí nasloucháš opakování svých jmen.

733.Om nandi-vidyāyai namaḥ
... Matko, k níž míří Nandikéšvarova zbožná mantra.

734.Om naṭeśvaryai namaḥ
... Matko, jež jsi manželkou krále tance Natarádži (Šivy).

735.Om mithyā-jagad-adhiṣṭhānāyai namaḥ
... Matko, jež představuješ pevný základ proměnlivého vesmíru.

736.Om mukti-dāyai namaḥ
... Matko, jež osvobozuješ.

737.Om mukti-rūpiṇyai namaḥ
... Matko, jež jsi osvobozením.

738.Om lāsya-priyāyai namaḥ
... Matko, jež s oblibou přihlížíš rytmickému tanci žen lásja.

739.Om laya-karyai namaḥ

... Matko, jež umožňuješ pohroužení mysli (v předmět meditace).

740.Om lajjāyai namaḥ

... Matko, ozdobo skromnosti živých bytostí.

741.Om rambhādi-vanditāyai namaḥ

... Matko, jež jsi modlou nebeské tanečnice Rambhy.

742.Om bhava-dāva-sudhā-vṛṣṭyai namaḥ

... Matko, jež se jako nektar snášíš z nebe, abys uhasila plameny samsáry.

743.Om pāpāraṇya-davānalāyai namaḥ

... Matko, jež jako nespoutaný plamen stravuješ džungli hříchu.

744.Om daurbhāgya-tūla-vātūlāyai namaḥ

... Matko, jež jako vichřice odnášíš chomáče neštěstí.

745.Om jarā-dhvānta-ravi-prabhāyai namaḥ

... Matko, jež svým jasem rozptyluješ temnotu stáří.

746.Om bhāgyābdhi-candrikāyai namaḥ

... Matko, jež jsi úplňkem, s nímž přichází příliv štěstěny.

747.Om bhakta-citta-keki-ghanāghanāyai namaḥ

… Matko, jež jsi dešťovým mrakem, který roztančí srdce věřících jako pávy.

748.Om roga-parvata-dambholaye namaḥ

… Matko, jež jsi hromovou ranou, která rozdrtí horu nemoci.

749.Om mṛtyu-dāru-kuṭhārikāyai namaḥ

… Matko, jež jsi sekyrou, která podetíná strom smrti.

750.Om maheśvaryai namaḥ

… Nejvyšší Bohyně.

751.Om mahā-kālyai namaḥ

… Velká Kálí.

752.Om mahā-grāsāyai namaḥ

… Matko, již stravuje velká nenasytnost.

753.Om mahāśanāyai namaḥ

… Matko, jež se sytíš velkými sousty.

754.Om aparṇāyai namaḥ

… Matko, jež nezůstáváš nikomu nic dlužna.

755.Om caṇḍikāyai namaḥ

… Čandiká (Kálí).

756.Om caṇḍa-muṇḍāsura-niṣūdinyai namaḥ

… Matko, jejíž rukou padli démoni Čanda, Munda a mnozí další.

757.Om kṣarākṣarātmikāyai namaḥ

… Matko, jež jsi smrtelná (tělo) i nesmrtelná (átmán).

758.Om sarva-lokeśyai namaḥ

… Matko, jež vládneš všem světům.

759.Om viśva-dhāriṇyai namaḥ

… Matko, jež podpíráš celý vesmír.

760.Om tri-varga-dātryai namaḥ

… Matko, jež člověku vymezuješ trojí cíl (dharma – správnost konání, artha – majetek, káma – naplňování tužeb).

761.Om subhagāyai namaḥ

… Matko, jež jsi pokladnicí všeho příznivého.

762.Om tryambakāyai namaḥ
... Matko se třema očima.

763.Om triguṇātmikāyai namaḥ
... Matko, jež jsi podstatou tří gun (přírodních sil).

764.Om svargāpavrgadāyai namaḥ
... Matko, jež dáváš zakoušet nebeské světy a blaženost osvobození.

765.Om śuddhāyai namaḥ
... nejčistší Matko (beze stopy nevědomosti).

766.Om japā-puṣpa-nibhākrṭyai namaḥ
... Matko s pletí barvy ibišku.

767.Om ojovatyai namaḥ
... Matko překypující vitalitou.

768.Om dyuti-dharāyai namaḥ
... Matko plná božské nádhery a světla.

769.Om yajña-rūpāyai namaḥ
... Matko, jež máš podobu oběti.

770.Om priya-vratāyai namaḥ

… Matko, již těší sliby (učiněné bohům).

771.Om durārādhyāyai namaḥ

… Matko, již je obtížné uctívat.

772.Om durādharṣāyai namaḥ

… Matko, již je obtížné přesvědčit.

773.Om pāṭalī-kusuma-priāyai namaḥ

… Matko, jež chováš v oblibě rudé brugmansie.

774.Om mahatyai namaḥ

… Velká Matko.

775.Om meru-nilayāyai namaḥ

… Matko, jež přebýváš na posvátné hoře Méru.

776.Om mandāra-kusuma-priyāyai namaḥ

… Matko, k jejímuž srdci promlouvají květy nebeského stromu mandáry.

777.Om virārādhyāyai namaḥ

… Matko, již uctívají hrdinové.

778.Om virāḍ-rūpāyai namaḥ

... Matko, jež máš podobu různorodého vesmíru.

779.Om virajase namaḥ

... Matko, již neposkvrnil radžas (touha a hněv).

780.Om viśvato-mukhyai namaḥ

... Matko, jež hledíš do všech stran.

781.Om pratyag-rūpāyai namaḥ

... Matko, jež se projevuješ jako individuální duše (džívátmán).

782.Om parākāśāyai namaḥ

... Matko, jež představuješ neuchopitelný éter (z něhož vzniká vše stvořené).

783.Om prāṇadāyai namaḥ

... Matko, jež přinášíš život.

784.Om prāṇa-rūpāyai namaḥ

... Matko, jejíž podstatou je život.

785.Om mārtāṇda-bhairavārādhyāyai namaḥ

... Matko, již uctívá i Mártánda Bhajrava (Šiva).

786.Om mantriṇī-nyasta-rājya-dhure namaḥ

... Matko, jež jsi pověřila bohyni Durgu správou královských záležitostí.

787.Om tripureśyai namaḥ

... Matko, jež jsi bohyní Tripurou.

788.Om jayat-senāyai namaḥ

... Matko, jež velíš vítězným armádám.

789.Om nistraiguṇyāyai namaḥ

... Matko, jež jsi prosta tří gun.

790.Om parāparāyai namaḥ

... Matko, jež v sobě zahrnuješ všechny protiklady.

791.Om satya-jñānānanda-rūpāyai namaḥ

... Matko, jež jsi Pravdou, Poznáním a Blažeností.

792.Om sāmarasya-parāyaṇāyai namaḥ

... Matko, jež jsi pohroužena v neochvějnou vyrovnanost.

793.Om kapardinyai namaḥ

... manželko Kapardina (Šivy s vlasy ve velkém uzlu).

794. Om kalā-mālāyai namaḥ
... Matko, již zdobí girlanda všech druhů umění.

795. Om kāma-dhuge namaḥ
... Matko, jež mlékem své milosti plníš všechna přání.

796. Om kāma-rūpiṇyai namaḥ
... Matko, jež máš půvabné tělo boha Kámy.

797. Om kalā-nidhyae namaḥ
... Matko, jež jsi pokladnicí všech umění.

798. Om kāvya-kalāyai namaḥ
... Matko, jež jsi uměním poezie.

799. Om rasa-jñāyai namaḥ
... Matko, jež znáš všechny emoce vyjádřené v poezii (rasa).

800. Om rasa-śevadhaye namaḥ
... Matko, jež jsi pokladnicí všech blažených pocitů Brahmy.

801. Om puṣṭāyai namaḥ
... Matko vždy plná síly.

802.Om purātanāyai namaḥ
... Matko, nejstarší z nejstarších.

803.Om pūjyāyai namaḥ
... Matko vždy hodná obdivu.

804.Om puṣkarāyai namaḥ
... Všeobjímající Matko, jež skýtáš obživu živým bytostem.

805.Om puṣkarekṣaṇāyai namaḥ
... Matko s očima ve tvaru okvětních plátků lotosu.

806.Om parasmai-jyotiṣe namaḥ
... Matko, jež jsi božským Světlem.

807.Om parasmai-dhāmne namaḥ
... Matko, jež jsi božským příbytkem.

808.Om paramāṇave namaḥ
... Matko, jež jsi nejjemnější ze všech částic.

809.Om parāt-parāyai namaḥ
... Svrchovaná Matko, jež předčíš Brahmu, Višnua i Šivu.

810.Om pāśa-hastāyai namaḥ
... Matko, jež v ruce svíráš lano se smyčkou.

811.Om pāśa-hantryai namaḥ
... Matko, jež přetínáš pouta (samsáry).

812.Om para-mantra-vibhedinyai namaḥ
... Matko, jež rušíš účinky nepřátelských kleteb.

813.Om mūrtāyai namaḥ
... Matko, jež hýříš všemi podobami.

814.Om amūrtāyai namaḥ
... Matko bez jednoznačné podoby.

815.Om anitya-tṛptāyai namaḥ
... Matko, jež se spokojíš i s pomíjivými dary.

816.Om muni-mānasa-haṁsikāyai namaḥ
... Matko, jež jsi labutí plující na jezeře mysli mudrců.

817.Om satya-vratāyai namaḥ
... Matko, jež jsi pevně zakotvena v Pravdě.

818.Om satya-rūpāyai namaḥ

... Matko, jež jsi projevenou Pravdou.

819.Om sarvāntar-yāmiṇyai namaḥ

... Matko, jež jsi vnitřním Hlasem všech bytostí.

820.Om satyai namaḥ

... Matko, jež jsi ryzí Skutečností, věčným Bytím.

821.Om brahmāṇyai namaḥ

... Matko, jež jako brahma podepíráš celý vesmír.

822.Om brahmaṇe namaḥ

... Matko, jež jsi nepopsatelným základem všeho (brahma).

823.Om jananyai namaḥ

... Matko vesmíru.

824.Om bahu-rūpāyai namaḥ

... Matko mnoha tváří.

825.Om budhārcitāyai namaḥ

... Matko uctívaná mudrci.

826.Om prasavitryai namaḥ
... Matko rodící celý vesmír.

827.Om pracaṇḍāyai namaḥ
... Matko, jež vzbuzuješ posvátnou bázeň.

828.Om ājñāyai namaḥ
... Matko, jež ztělesňuješ božský Zákon.

829.Om pratiṣṭhāyai namaḥ
... Matko, jež jsi základem všeho.

830.Om prakaṭākṛtyai namaḥ
... Matko, jež existuješ jako neprojevené Vědomí v projeveném vesmíru.

831.Om prāṇeśvaryai namaḥ
... Matko, jež vládneš pěti pránám (životním energiím) a smyslům.

832.Om prāṇa-dātryai namaḥ
... Matko, jež dáváš život.

833.Om pañcāśat-pīṭha-rūpiṇyai namaḥ
... Matko, jíž bylo zasvěceno padesát svatyní.

834.Om viśṛṅkhalāyai namaḥ
... Matko, již nepoutají řetězy (karmy).

835.Om viviktasthāyai namaḥ
... Matko, jež přebýváš v ústraní (v srdcích mudrců).

836.Om vīra-mātre namaḥ
... Matko hrdinů.

837.Om viyat-prasuve namaḥ
... Matko éteru (od nějž se odvíjí vznik vesmíru).

838.Om mukundāyai namaḥ
... Matko přinášející spásu (vykoupení).

839.Om mukti-nilayāyai namaḥ
... Matko, jež jsi příbytkem spásy.

840.Om mūla-vigraha-rūpiṇyai namaḥ
... Matko, jež jsi kořenem všech podob (uctívání).

841.Om bhāva-jñāyai namaḥ
... Matko, jež znáš všechny myšlenky a pocity.

842.Om bhava-roga-ghnyai namaḥ
... Matko, jež jsi lékem na všechny nemoci samsáry.

843.Om bhava-cakra-pravartinyai namaḥ
... Matko, jež roztáčíš kolo samsáry.

844.Om chandaḥ-sārāyai namaḥ
... Matko, jež jsi esencí všech véd.

845.Om śāstra-sārāyai namaḥ
... Matko, jež jsi esencí všech svatých písem (šáster).

846.Om mantra-sārāyai namaḥ
... Matko, jež jsi esencí všech manter.

847.Om talodaryai namaḥ
... Matko s útlým pasem.

848.Om udāra-kīrtaye namaḥ
... Matko, jejíž slávu nelze překonat.

849.Om uddāma-vaibhavāyai namaḥ
... Matko, jejíž udatnost nelze ohraničit.

850.Om varṇa-rūpiṇyai namaḥ
... Matko, jež máš podobu písmen abecedy.

851.Om janma-mṛtyu-jarā-tapta-jana-viśrānti-dāyinyai namaḥ
... Matko, jež dáváš pokoj všem, které uchvátil koloběh zrození, stárnutí a smrti.

852.Om sarvopaniṣad-udghuṣṭāyai namaḥ
... Matko, již oslavují všechny upanišády.

853.Om śantyatīta-kalātmikāyai namaḥ
... Matko, jež překračuješ i stav pokoje.

854.Om gambhīrāyai namaḥ
... Matko, již nelze pochopit.

855.Om gaganāntaḥsthāyai namaḥ
... Matko, jež se nacházíš v éteru vyplňujícím prostor.

856.Om garvitāyai namaḥ
... Matko, jež jsi pýchou Šivy, pramenem všeho stvořeného.

857.Om gāna-lolupāyai namaḥ
... Matko, již blaží hudba.

858. Om kalpanā-rahitāyai namaḥ

... Matko, jež zůstáváš nedotčena stvořeným světem.

859. Om kāṣṭhāyai namaḥ

... Matko, jež jsi nejzazším cílem.

860. Om akāntāyai namaḥ

... Matko, jež činíš konec všem hříchům a všemu utrpení.

861. Om kāntārdha-vigrahāyai namaḥ

... Matko, jež tvoříš polovinu Šivova těla.

862. Om kārya-kāraṇa-nirmuktāyai namaḥ

... Matko, jež přesahuješ zákon příčiny a důsledku.

863. Om kāma-keli-taraṅgitāyai namaḥ

... Matko, jež po boku svého chotě Káméšvary překypuješ radostí.

864. Om kanat-kanaka-tāṭaṅkāyai namaḥ

... Matko, již krášlí třpytivé zlaté náušnice.

865. Om līlā-vigraha-dhārinyai namaḥ

... Matko, jež ve své kosmické hře nabýváš mnoha různých podob.

866.Om ajyai namaḥ

… Matko, jež ses nikdy nenarodila.

867.Om kṣaya-vinirmuktāyai namaḥ

… Matko, jež neznáš úpadek.

868.Om mugdhāyai namaḥ

… Matko úchvatné krásy.

869.Om kṣipra-prasādinyai namaḥ

… Matko, jíž je snadné se zavděčit.

870.Om antar-mukha-samārādhyāyai namaḥ

… Matko, již je třeba uctívat vnitřně.

871.Om bahir-mukha-sudurlabhāyai namaḥ

… Matko, jíž je nemožné dosáhnout, dokud náš pohled směřuje k projevenému.

872.Om trayyai namaḥ

… Matko, jež představuješ souhrn tří véd.

873.Om trivarga-nilayāyai namaḥ

… Matko, jež jsi domovem všech tří aspektů lidského života (dharma, artha, káma).

874. Om tristhāyai namaḥ

... Matko, jež obýváš všechny tři světy (minulost, přítomnost, budoucnost).

875. Om tripura-māinyai namaḥ

... Tripuramáliní (bohyně Šrí Čakry).

876. Om nir-āmayāyai namaḥ

... Matko, jež netrpíš žádnými nemocemi.

877. Om nir-ālambāyai namaḥ

... Matko, jež na nikom a ničem nezávisíš.

878. Om svātmārāmāyai namaḥ

... Matko, jež se raduješ sama ze sebe.

879. Om sudhāsṛtyai namaḥ

... Matko, jež jsi pramenem nektaru.

880. Om saṁsāra-paṅka-nirmagna-samuddharaṇa-paṇḍitāyai namaḥ

... Matko, jež zachraňuješ bytosti, které uvízly v bažině samsáry.

881.Om yajña-priyāyai namaḥ

... Matko, již těší obětní rituály.

882.Om yajña-kartryai namaḥ

... Matko, jež provádíš obětní rituály.

883.Om yajamāna-svarūpiṇyai namaḥ

... Matko, jež na sebe bereš podobu toho, kdo vykonává obětní rituály.

884.Om dharmādhārāyai namaḥ

... Matko, jež řídíš zákon dharmy (správného konání).

885.Om dhanādhyakṣāyai namaḥ

... Matko, v jejíchž rukou se nalézá veškeré bohatství.

886.Om dhana-dhānya-vivardhinyai namaḥ

... Matko, jež zvětšuješ bohatství a úrodu.

887.Om vipra-priyāyai namaḥ

... Matko, jež si vážíš vzdělaných.

888.Om vipra-rūpāyai namaḥ

... Matko, jež na sebe bereš podobu toho, kdo (Tě) poznává.

889.Om viśva-bhramaṇa-kāriṇyai namaḥ
... Matko, jež pomocí iluze (májá) zapříčiňuješ pohyb vesmíru.

890.Om viśva-grasāyai namaḥ
... Matko, jež na konci každého cyklu vesmír pozřeš.

891.Om vidrumābhāyai namaḥ
... Matko, jež záříš jako rudý korál.

892.Om vaiṣṇanyai namaḥ
... Matko Višnua, jež jsi i Višnuem samotným.

893.Om viṣṇu-rūpiṇyai namaḥ
... Matko, jež se projevuješ jako Višnu.

894.Om ayonyai namaḥ
... Matko, jež nemáš počátek.

895.Om yoni-nilayāyai namaḥ
... Matko, jež jsi zdrojem všem počátků.

896.Om kūṭasthāyai namaḥ
... Matko, jež zůstáváš neměnná jako kovadlina.

897.Om kula-rūpiṇyai nam

… Matko tantrické tradice kaula.

898.Om vīra-goṣṭhī-priyāyai namaḥ

… Matko, jež chováš ve své přízni společenství hrdinů (sádhaků).

899.Om vīrāyai namaḥ

… Hrdinská Matko.

900.Om naiṣkarmyāyai namaḥ

… Matko, jež se vzdáváš ovoce svého konání.

901.Om nāda-rūpiṇyai namaḥ

… Matko, jež jsi prvotním zvukem.

902.Om vijñāna-kalanāyai namaḥ

… Matko, jíž je vlastní veškeré poznání brahma.

903.Om kalyāyai namaḥ

… Matko, jež oplýváš tvořivou silou.

904.Om vidagdhāyai namaḥ

… Matko, jež jsi moudrostí obsaženou ve všech schopnostech.

905.Om baindavāsanāyai namaḥ

... Matko, jež sídlíš uprostřed bajndava (adžna) čakry.

906.Om tattvādhikāyai namaḥ

... Matko, jež překračuješ všechny kosmické principy.

907.Om tattva-mayyai namaḥ

... Matko, jež jsi Skutečností zahrnující všechny kosmické principy.

908.Om tat-tvam-artha-svarūpiṇyani namaḥ

... Matko, jež jsi Poznáním obsaženým ve výrazech tat (To – brahma) a tvam (Ty – džívátmán).

909.Om sāma-gāna-priyāyai namaḥ

... Matko, jež s radostí nasloucháš přednesu sámavédy.

910.Om somyāyai namaḥ

... Vlídná a dobrotivá Matko/ Matko něžná a chladná jako luna.

911.Om sadāśiva-kuṭumbinyai namaḥ

... Matko, jež jsi manželkou Sadášivy.

912.Om savyāpasavya-mārgasthāyai namaḥ
… Matko, k níž vedou cesta světla (savja) i cesta kouře (apasavja).

913.Om sarvāpad-vinivāriṇyai namaḥ
… Matko, jež chráníš před vším nebezpečím.

914.Om svasthāyai namaḥ
… Matko, jež spočíváš sama v sobě.

915.Om svabhāva-madhurāyai namaḥ
… Mínákší, ochraňující město Maduraj.

916.Om dhīrāyai namaḥ
… Moudrá Matko.

917.Om dhīra-samarcitāyai namaḥ
… Matko, jíž moudří uctívají celou svou bytostí.

918.Om caitanyārgha-samārādhyāyai namaḥ
… Matko, jíž klademe za oběť svou mysl.

919.Om caitanya-kusuma-priyāyai namaḥ
… Matko, jež se raduješ z obětované květiny mysli.

920. Om sadoditāyai namaḥ
... Matko, jejíž jas neskomírá.

921. Om sadā-tuṣṭāyai namaḥ
... věčně spokojená Matko.

922. Om taruṇāditya-pāṭalāyai namaḥ
... Matko, jež jsi narůžovělá jako jitřní slunce.

923. Om dakṣiṇādakṣiṇārādhyāyai namaḥ
... Matko, jíž se klaní schopní i neschopní jedinci.

924. Om dara-smera-mukhāmbujāyai namaḥ
... Matko, na jejíž lotosové tváři září sladký úsměv.

925. Om kaulinī-kevalāyai namaḥ
... Matko, již tradice kaula uctívá jako Ryzí Vědomí.

926. Om anarghya-kaivalya-pada-dāyinyai namaḥ
... Matko, jež člověka obdařuješ nejcennějším darem věčné Blaženosti a Svobody.

927. Om stotra-priyāyai namaḥ
... Matko, jež s oblibou nasloucháš oslavným hymnům.

928.Om stuti-matyai namaḥ

... Matko, jež jsi pravým předmětem všeho velebení.

929.Om śruti-saṁstuta-vaibhavāyai namaḥ

... Matko věhlasné slávy prorokovaná ve védách.

930.Om manasvinyai namaḥ

... Matko jedinečné mysli.

931.Om mānavatyai namaḥ

... Matko ušlechtilosti.

932.Om maheśyai namaḥ

... Velká královno, jež jsi manželkou Šivy.

933.Om maṅgalākṛtaye namaḥ

... Matko, jejímž konáním prostupuje přízeň.

934.Om viśva-mātre namaḥ

... Matko vesmíru.

935.Om jagad-dhātryai namaḥ

... Matko, jež chráníš a udržuješ svět.

936.Om viśālākṣyai namaḥ
... Matko s velkýma očima.

937.Om virāgiṇyai namaḥ
... Matko, již nic nerozruší.

938.Om pragalbhāyai namaḥ
... Matko neobyčejných dovedností a sebejistoty.

939.Om paramodārāyai namaḥ
... nanejvýše štědrá Matko.

940.Om parā-modāyai namaḥ
... nanejvýše radostná Matko.

941.Om manomayyai namaḥ
... Matko, jež se projevuješ jako mysl.

942.Om vyoma-keśyai namaḥ
... Matko, jež máš namísto vlasů nebeskou klenbu.

943.Om vimānasthāyai namaḥ
... Matko jedoucí na nebeském voze.

944.Om vajriṇyai namaḥ

... manželko Indry (jehož atributem je zbraň vadžra).

945.Om vāmakeśvaryai namaḥ

... Matko uctívaná jako tantrická bohyně Vámakešvarí.

946.Om pañca-yajña-priyāyai namaḥ

... Matko, již těší všech pět druhů obětních rituálů.

947.Om pañca-preta-mañcādhi-śāyinyai namaḥ

... Matko, jež spočíváš na trůnu z pěti těl (Brahmy, Višnua, Rudry, Íšvary a Sadášivy).

948.Om pañcamyai namaḥ

... Matko, jež jsi manželkou „Pátého“ (Sadášivy).

949.Om pañca-bhūteśyai namaḥ

... Matko, jež vládneš pěti živlům.

950.Om pañca-saṅkhyopacārinyai namaḥ

... Matko, již uctíváme pěti dary (santálová pasta, květiny, vonné tyčinky, lampa, pokrm).

951. Om śāśvatyai namaḥ
... věčná Matko.

952. Om śāśvataiśvaryāyai namaḥ
... Matko, jejíž svrchovanost je věčná.

953. Om śarmadāyai namaḥ
... Matko, jež skýtáš štěstí.

954. Om śambhu-mohinyai namaḥ
... Matko, jejímuž kouzlu podlehl i Šiva.

955. Om dharāyai namaḥ
... Matko, jež živíš všechny bytosti (Matko Země).

956. Om dhara-sutāyai namaḥ
... Matko, jež jsi dcerou krále hor Himavata.

957. Om dhanyāyai namaḥ
... přebohatá, požehnaná Matko.

958. Om dharmiṇyai namaḥ
... spravedlivá Matko.

959.Om dharma-vardhinyai namaḥ

... Matko, jež udržuješ dharmu.

960.Om lokātītāyai namaḥ

... Matko, jež překračuješ všechny světy.

961.Om guṇātītāyai namaḥ

... Matko, jež překračuješ všechny guny.

962.Om sarvātītāyai namaḥ

... Matko, jež vše překračuješ.

963.Om śamātmikāyai namaḥ

... Matko, již naplňuje pokoj a blaženost.

964.Om bandhūka-kusuma-prakhyāyai namaḥ

... Matko, jež jsi půvabně křehká jako květy bandhúky.

965.Om bālāyai namaḥ

... Matko, jež nepozbýváš své dětskosti.

966.Om līlā-vinodinyai namaḥ

... Matko, jež se raduješ ze své božské hry (lílá).

967. Om sumaṅgalyai namaḥ
... Matko, jež konáš chvályhodné činy.

968. Om sukha-karyai namaḥ
... Matko, jež přinášíš štěstí.

969. Om suveṣāḍhyāyai namaḥ
... skvostně oděná Matko, jež přitahuješ zrak všech bytostí.

970. Om suvāsinyai namaḥ
... šťastně provdaná Matko, jež nikdy neovdovíš.

971. Om suvāsinyarcana-prītāyai namaḥ
... Matko, již rozradostňují adorace prováděné vdanými ženami.

972. Om āśobhanāyai namaḥ
... Matko, z níž dýchá krása a přízeň.

973. Om śuddha-mānasāyai namaḥ
... Matko, jež jsi čisté mysli/ jež očišťuješ mysl.

974. Om bindu-tarpaṇa-santuṣṭāyai namaḥ
... Matko, již těší uctívání středového bodu Šrí Čakry (symbol Nejvyšší Skutečnosti).

975.Om pūrva-jāyai namaḥ
... Matko, jež jsi vždy napřed.

976.Om tripurāmbikāyai namaḥ
... Bohyně Tripuro, Matko tří měst (stav bdění, snění, hlubokého spánku).

977.Om daśa-mudrā-samārādhyāyai namaḥ
... Matko, jíž je zasvěceno deset muder (posvátných gest).

978.Om tripurāśrī-vaśaṅkaryai namaḥ
... Matko, jež poroučíš bohyni Tripurášrí.

979.Om jñāna-mudrāyai namaḥ
... Matko, jež jsi mudrou moudrosti.

980.Om jñāna-gamyāyai namaḥ
... Matko, jíž lze dosáhnout džňánajógou (cestou sebepoznání).

981.Om jñāna-jñeya-svarūpiṇyai namaḥ
... Matko, jež jsi poznáním i poznávaným.

982.Om yoni-mudrāyai namaḥ
... Matko, jež jsi jóni mudrou (uzavírající smyslové brány).

983.Om trikhaṇḍeśyai namaḥ
... Matko, jež jsi trikhanda mudrou (zasvěcenou slunci, měsíci a ohni).

984.Om triguṇāyai namaḥ
... Matko, jež jsi obdařená třemi gunami.

985.Om ambāyai namaḥ
... Matko všech živých bytostí, Matko vesmíru.

986.Om trkoṇagāyai namaḥ
... Matko, jež sídlíš v trojúhelníku Šrí Čakry.

987.Om anaghāyai namaḥ
... Matko, již netíží žádný hřích.

988.Om adbhuta-cāritrāyai namaḥ
... Matko, jejíž činy jsou zázračné.

989.Om vāñchitārtha-pradāyinyai namaḥ
... Matko, jež naplňuješ všechny tužby.

990.Om abhyāsātiśaya-jñātāyai namaḥ
... Matko, již lze poznat jen intenzivním duchovním cvičením.

991.Om ṣaḍadhvātīta-rūpiṇyai namaṇ

… Matko, jež jsi skrytou Pravdou šesti cest (oddanosti).

992.Om avyāja-karuṇā-mūrtaye namaḥ

… Matko, jež jsi ztělesněním ryzího soucitu.

993.Om ajñāna-dhvānta-dīpikāyai namaḥ

… Matko, jež jako jasná lampa rozptyluješ tmu nevědomosti.

994.Om ābāla-gopa-viditāyai namaḥ

… Matko, jíž znají i děti a krávy.

995.Om sarvānullaṅghya-śāsanāyai namaḥ

… Matko, jejímiž zákony se vše řídí.

996.Om śrīcakra-rāja-nilayāyai namaḥ

… Matko, jež spočíváš v královské Šrí Čakře.

997.Om śrīmat-tripura-sundaryai namaḥ

… Matko, jež jsi božskou Tripurasundarí (šakti celého vesmíru).

998.Om śrī-śivāyai namaḥ

… Matko, jež jsi totožná s božským Šivou.

999.Om śiva-śaktyaikya-rūpiṇyai namaḥ

... Matko, v níž se snoubí Šiva a Šakti.

1000. Om lalitāmbikāyai namaḥ

... Božská Matko Lalito (Ta, jež si hraje).

Mantrahīnam kriyāhīnam bhaktihīnam maheśvari yadpūjitam mayā devī paripūrṇam tadastute

Matko, jistě jsem se dopustil chyb a nepřesností. Možná jsem měl vzpomenout ještě na Tvá jiná jména, vykonat jiné rituály. Možná jsem tuto modlitbu plně neprocítil, plně se nesoustředil. Odpusť všechny tyto nedostatky a svou milostí učiň tuto adoraci úplnou!

Śrī Mahiṣāsuramardini Stotram

Hymnus na počest Té, jež zabila démona-buvola (ego)

1. Ayi giri nandini nandita medini viśva vinodini nandanute
giri varavindya śirodhi nivāsini viṣṇu vilāsini jiṣṇunute
bhagavati he śitikaṇṭha kuṭumbini bhūri kuṭumbini bhūrikṛte
jaya jaya he mahiṣāsura-mardini ramyakapardini śailasute

Buď pozdravena, Matko! Jsi největším potěšením svého otce Himávata, neboť jsi to byla Ty, kdo stvořil celý vesmír jakoby pro zábavu. Jsi štěstím všech stvořených bytostí. I Šivův býk Nandi Ti vzdává úctu, Tobě, jež obýváš zasněžené vrcholy pohoří Vindhja. Tobě vděčí Višnu za svou tvořivou sílu, Tebe vzývá sám velký Indra. Pro Tebe je celý svět jedna velká rodina.

2. Suravara varṣiṇi durdhara dharṣiṇi durmukha marṣiṇi harṣarate
tribhuvana poṣiṇi śaṅkara toṣiṇi kalmaṣa moṣiṇi ghoṣarate
danu jani roṣiṇi ditisuta roṣiṇi durmada śoṣiṇi sindusute
jaya jaya he mahiṣāsura-mardini ramyakapardini śailasute

Kéž přineseš vítězství, Matko! Svou přízeň rozděluješ mezi všechny bohy. Porazila jsi démony Durdharu i Durmukhu. Spočíváš ve věčné blaženosti, naplňuješ všechny bytosti úžasem a staráš se o tři světy. Jsi blažeností samotného Šivy. Zahubila jsi všechny démony (asury), kteří Tě popudili svým válečným pokřikem. Nestrpíš zlovůli. Dcero oceánu, z Tvých rukou ochutnal smrt i pyšný vojevůdce, démon Durmada.

3. Ayi jagadamba madamba kadamba vana priya vāsini hāsarate
śikhari śiromaṇi tuṅgahimālaya śṛṅganijālaya madhyagate
madhu madhure madhukaiṭabha bhañjini kaiṭabha bhañjini rāsarate
jaya jaya he mahiṣāsura-mardini ramyakapardini śailasute

Kéž přineseš vítězství, Matko! Jsi moje Matka a jsi také Matka celého stvoření. Tvůj posvátný příbytek se nachází v kadambovém lese. Obýváš i majestátné vrcholy Himalájí. Tvou krásnou tvář zdobí úsměv sladší než med. Zahubila jsi démony Madhuu a Kaitabhu. Ty, jež se Ti odevzdali, zbavuješ nedokonalostí. Božský tanec rasa Tě naplňuje radostí.

4. Ayi śata khaṇḍa vikhaṇḍita ruṇḍa vituṇḍita śuṇḍa gajādhipate
ripugaja gaṇḍa vidārana caṇḍa parā krama śauṇḍa mṛgādhipate
nija bhujadaṇḍa nipātita caṇḍa vipātita muṇḍa bhaṭādhipate
jaya jaya he mahiṣāsura-mardini ramyakapardini śailasute

Sláva Tobě, Matko! S pomocí šavle šatakhanda jsi sťala hlavy nepřátelským démonům a rozdrtila je na tisíce kusů. Tvůj lev roztrhal obrovské slony nepřátel a Ty jsi holýma rukama zasadila smrtelné rány armádám démonů.

5. Ayi raṇa durmada śatru vadhodita durdhara nirjara śaktibhṛte
catura vicāra dhurīṇa mahāśiva dūta kṛta pramathādhipate
durita durīha durāśaya durmati dānava dūta kṛtāntamate
jaya jaya he mahiṣāsura-mardini ramyakapardini śailasute

Tak jsi zbavila Matku Zemi těžkého břemena, jež musela nést. Jako mírového posla jsi vyslala Šivu, sebezpytujícího jógína, avšak nakonec jsi zlé úmysly démonů překazila navždy.

6. Ayi śaraṇāgata vairivadhūvara vīravarābhaya dāyikare
tribhu vana mastaka śūla virodhi śirodhi kṛtāmala śūlakare
dumi dumi tāmara dundubhināda mahomukharī kṛta diṅgikare
jaya jaya he mahiṣāsura-mardini ramyakapardini śailasute

Matko! Smilovala ses nad ženami démonů, jež u Tebe vyhledaly útočiště. Avšak vůči těm démonům, kteří představovali hrozbu pro svět, ses zatvrdila a svým trojzubcem jsi jim nemilosrdně uťala hlavy. Tvůj čin přivítali bohové hlasitým bubnováním, jehož rytmické ozvěny se roznesly po celém světě.

7. Ayi nija humkṛti mātra nirākṛta dhūmra vilocana dhūmraśate
sama ravi śoṣita śoṇita bīja samud bhava śoṇita bījalate
śiva śiva śumbha niśumbha mahāhava tarpita bhūta piśācapate
jaya jaya he mahiṣāsura-mardini ramyakapardini śailasute

Matko! Stačí, abys vyslovila „hum“ a démon Dhumralóčana i jeho záludní spojenci jako zázrakem lehnou popelem. Sprovodila jsi ze světa démona-generála Raktabidžu a jeho družinu, udatně ses bila s Šumbhou a Nišumbhou, až jsi i nad nimi zvítězila. Tímto činem ses zavděčila Šivovi, jenž je bohem přízraků a duchů.

8. Dhanu ranu ṣaṅga raṇakṣaṇa saṅga parisphura daṅga naṭatkaṭake
kanaka piśaṅga pṛṣatkaniṣaṅga rasad bhaṭaśṛṅga hatā baṭuke
kṛta catu raṅga balakṣiti raṅga ghaṭad bahuraṅga raṭad baṭuke
jaya jaya he mahiṣāsura-mardini ramyakapardini śailasute

Matko! Když bitva propukla, rozvířila jsi své zbraně a Tvé šperky na rukou cinkaly do rytmu boje. Zvonky na Tvém opasku oslepovaly nepřátele svými odlesky. Nad mrtvými těly nepřátel roztroušenými po bitevním poli kroužila hejna obřích supů.

9. Sura lalanā tatatho tatatho tatatho bhinayottara nṛtyarate
kṛta kukuthaḥ kukutho gaḍadādika tāla kutūhala gānarate
dhudhukuṭa dhukuṭa dhimdhimita dhvani dhīra mṛdaṅga ninādarate
jaya jaya he mahiṣāsura-mardini ramyakapardini śailasute

Matko! Dala jsi hlas všem zvukům, a teď se raduješ při pohledu na nebeské tanečníky pohupující se do rytmu bubnování tatato-tatato-tatato, kukuta-kukuta-kukuta, gagada-gagada-gagada. Jejich bubny zní: kuthu-dhukuta-dhini.

10. Jaya jaya japya jaye jaya śabda parastuti tatpara viśvanute
jhaṇajhaṇa jhim jhimi jhimkṛta nūpura śiñjita mohita bhūtapate
naṭita naṭārdha naṭī naṭanāyaka nāṭita nāṭya sugānaratē
jaya jaya he mahiṣāsura-mardini ramyakapardini śailasute

Matko! Všichni Tví věrní volají sláva! Sláva! Ty tančíš spolu s Šivou tanec tandava a Šiva s potěšením naslouchá cinkání Tvých nákotníků.

11. Ayi sumunaḥ sumanaḥ sumanaḥ sumanaḥ sumanohara kāntiyute
śritarajanī rajanī rajanī rajanī rajanī kara vaktrayute
sunayana vibhramara bhramara bhramara bhramara bhramarādhipate
jaya jaya he mahiṣāsura-mardini ramyakapardini śailasute

Matko! Bohové Ti v duchu obětují květiny a Ty, podobajíc se obětovaným květům, rosteš do úchvatné krásy. Tvá tvář připomíná lotos na jezeře zalitém měsíčním svitem. Tvé kadeře poletují jako včely a podtrhují půvab Tvých očí.

12. Mahita mahāhava mallamatallika vallita rallaka bhallirate
viracita vallika pallika mallika jhillika bhillika vargavṛte
sitakṛta phulla samulla sitāruna tallaja pallava sallalite
jaya jaya he mahiṣāsura-mardini ramyakapardini śailasute

Matko! Když se válečníci na bitevním poli chopí svých zbraní, bdíš nad nimi. Jsi útočištěm těch, kteří žijí v horách, i domorodých kmenů, jejichž domovy jsou provoněné pandoreou. Když máš po svém boku dvanáct slunečních bohů Aditjů, záříš jako tisíc sluncí.

13. Avirala gaṇḍa galanmada medura matta mataṅgaja rājapate
tribhuvana bhūṣana bhūta kalānidhi rūpa payonidhi rājasute
ayi sudatī jana lālasa mānasa mohana manmatha rājasute
jaya jaya he mahiṣāsura-mardini ramyakapardini śailasute

Matko! Tvůj majestátní krok připomíná chůzi krále slonů, z jehož tváří prýští opojné prameny hojnosti (umění, krása, moc). V podobě velké bohyně Lakšmí vystupuješ z vod oceánu ve stejný okamžik jako luna, jež je korunou tří světů. Manmátha, jenž vrhá mladé dívky do okovů lásky, je jat posvátnou hrůzou, neboť Ty jediná se odmítáš stát otrokem touhy.

14. Kamala dalāmala komala kānti kalākalitāmala bhālalate
sakalavilāsa kalānilaya krama keli calat kalahaṁsakule
alikula saṅkula kuvalaya maṇḍala maulimilad-bakulālikule
jaya jaya he mahiṣāsura-mardini ramyakapardini śailasute

Matko! Tvé vysoké, přepůvabné čelo se leskne více než lotosový květ. Tvé ladné pohyby připomínají labuť. Květ opíhledu zdobící vodopád Tvých vlasů, přitahuje roje včel.

15. Kara muralī rava vījitakūjita lajjita kokila mañjumate
milita pulinda manohara guñjita rañjita śaila nikuñjagate
nijaguṇa bhūta mahāśabarī gaṇa sad guṇa sambhṛta kelirate
jaya jaya he mahiṣāsura-mardini ramyakapardini śailasute

Matko! Když se z Tvé flétny začnou linout líbezné tóny, utichá i slavík ve svém zpěvu. V rozkvetlých horských hájích se procházíš s domorodými ženami, jejichž srdce se k Tobě obracejí, a včely tiše pobzukují.

16. Kaṭitaṭa pītadukūla vicitra mayūkha tiraskṛta candrarūce
praṇata surāsura mauli maṇisphura daṁśu lasannakha candraruce
jita kanakācala mauli madorjita nirbhara kuñjara kumbhakuce
jaya jaya he mahiṣāsura-mardini ramyakapardini śailasute

Matko! Nádherné šaty, do nichž jsi oděla svou štíhlou postavu, předčí i svit luny. Nehty na Tvých nohou se oslnivě třpytí a jejich jas umocňují koruny bohů a démonů, již se před Tebou v úctě sklánějí. Tvá ňadra připomínají vrcholky Himalájí pokryté vodopády.

17. Vijita sahasra karaika sahasra karaika sahasra karaika nute
kṛta suratāraka saṅgaratāraka saḍgaratāraka sūnusute
suratha samādhi samāna samādhi samādhi samādhi sujātarate
jaya jaya he mahiṣāsura-mardini ramyakapardini śailasute

Matko! Slunce vedle Tebe ztrácí svůj jas a pokorně Ti k nohám odevzdává tisíce svých božských paprsků. Tvůj syn Kartikéja Ti po vyhrané válce s démonem Tárakásurou blahořečí. Oddannost, s níž se k Tobě obrátili král Suratha a kupec Samádhí (viz Durga Saptashati), naplnila Tvé srdce radostí.

18. Pada kamalam karuṇā nilaye vari vasyati yonudinam nuśive
ayi kamale kamalā nilaye kamalā nilayaḥ sa katham na bhavet
tava padameva param padamitya nuśīlayato mama kim na śive
jaya jaya he mahiṣāsura-mardini ramyakapardini śailasute

Matko Parvátí! Tvá adorace přináší přízeň, neboť jsi současně velkou bohyní Lakšmí. Skláněje se s pokorou k Tvým nohám a rozjímaje nad jejich významem, člověk dochází dokonalého osvobození.

**19. Kanakalasat kala sindhujalai ranuṣiñcati te guṇa raṅga bhuvam
bhajati sa kim na śacīkucakumbha taṭīparirambha sukhānu bhavam
tava caraṇam śaraṇam karavāṇi mṛḍāni sadāmayi dehi śivam
jaya jaya he mahiṣāsura-mardini ramyakapardini śailasute**

Matko! I prostý zametač na Tvém dvoře se těší nebeské rozkoši. Laskavě přijmi službu, kterou Ti nabízím, a dej mi jen to, co sama uznáš za vhodné.

**20. Tava vimalendu kulam vadanendu malam sakalam nanukūlayate
kimu puruhūta purīndu mukhī sumukhī bhirasau vimukhī kriyate
mama tu matam śivanāmadhane bhavatī kṛpayā kimuta kriyate
jaya jaya he mahiṣāsura-mardini ramyakapardini śailasute**

Matko! Toho, kdo rozjímá nad Tvou spanilostí, nemůže upoutat žádná z nebeských krás. Matko, bohyně Šivova srdce, dej mi Své požehnání!

21. Ayi mayi dīnadayālutayā kṛpayaiva tvayā bhavitavyamume
ayi jagato jananī kṛpayāsi yathāsi tathānimitāsi rame
yaducita matra bhavatyurarī kurutāduru tāpamapākuru me
jaya jaya he mahiṣāsura-mardini ramyakapardini śailasute

Matko Umo! Což nejsi pověstná svým soucitem? Buď milostivá a zbav mne všeho utrpení!

Śrī Lalitā Sahasranāma Stotram

Tisíc jmen Boží Matky ve verších

Dhyānam (překlad najdete na straně 32)

Sindūrāruṇa vigrahām tri nayanām māṇikya mauli sphurat
tārānāyaka śekharām smita mukhīm āpīna vakṣoruhām
pāṇibhyām alipūrṇa ratna caṣakam raktotpalam bibhratīm
saumyām ratna ghaṭastha rakta caraṇām dhyāyet parām ambikām

Dhyāyet padmāsanasthām vikasita vadanām padma patrāyatākṣīm
hemābhām pītavastrām kara kalita lasad hema padmām varāṅgīm
sarvālaṅkāra yuktām satatam abhayadām bhaktanamrām
bhavānīm
śrīvidyām śāntamūrtīm sakala sura nutām sarva sampat pradātrīm

Sakuṅkuma vilepanām alika cumbi kastūrikām
samanda hasitekṣaṇām saśara cāpa pāśāṅkuśām
aśeṣa jana mohinīm aruṇa mālya bhūṣojvalām
japā kusuma bhāsurām japavidhau smaredambikām

Aruṇām karuṇā taraṅgitākṣīm dhṛta pāśāṅkuśa puṣpa bāṇa cāpām
aṇimādibhir āvṛtām mayūkhai raham ityeva vibhāvaye maheśīm

Stotram

1 Śrī-mātā śrī-mahā-rājñī śrīmat-siṁhāsaneśvarī
cid-agni-kuṇḍa-sambhūtā deva-kārya-samudyatā
2 Udyad-bhānu-sahasrābhā catur-bāhu-samanvitā
rāga-svarūpa-pāśāḍhyā krodhā-kārāṅkuś-ojjvalā
3 Mano-rūpekṣu-kodaṇḍā pañca-tanmātra-sāyakā
nijāruṇa-prabhāpūra-majjad-brahmāṇḍa-maṇḍalā

4 Campakāśoka-punnāga-saugandhika-lasat-kacā
kuruvinda-maṇi-śreṇī-kanat-koṭīra-maṇḍitā

5 Aṣṭamī-candra-vibhrāja-dalika-sthala-śobhitā
mukha-candra-kalaṅkābha-mṛganābhi-viśeṣakā

6 Vadana-smara-māṅgalya-gṛha-toraṇa-cillikā
vaktra-lakṣmī-parīvāha-calan-mīnābha-locanā

7 Nava-campaka-puṣpābha-nāsā-daṇḍa-virājitā
tārā-kānti-tiraskāri-nāsābharaṇa-bhāsurā

8 Kadamba-mañjarī-klṛpta-karṇa-pūra-manoharā
tāṭaṅka-yugalī-bhūta-tapanoḍupa-maṇḍalā

9 Padma-rāga-śilādarśa-paribhāvi-kapola-bhūḥ
nava-vidruma-bimba-śrī-nyakkāri-radana-cchadā

10 Śuddha-vidyāṅkurākāra-dvija-paṅkti-dvayojjvalā
karpūra-vīṭikāmoda-samākarṣad-digantarā
11 Nija-sallāpa-mādhurya-vinirbhartsita-kacchapī
manda-smita-prabhā-pūra-majjat-kāmeśa-mānasā
12 Anākalita-sādṛśya-cibuka-śrī-virājitā
kāmeśa-baddha-māṅgalya-sūtra-śobhita-kandharā
13 Kanakāṅgada-keyūra-kamanīya-bhujānvitā
ratna-graiveya-cintāka-lola-muktā-phalānvitā
14 Kāmeśvara-prema-ratna-maṇi-pratipaṇa-stanī
nābhyāla-vāla-romāli-latā-phala-kuca-dvayī
15 Lakṣya-roma-latā-dhāratā-sumunneya-madhyamā
stana-bhāra-dalan-madhya-paṭṭa-bandha-vali-trayā

16 Aruṇāruṇa-kausumbha-vastra-bhāsvat-kaṭī-taṭī
ratna-kinkiṇikā-ramya-raśanā-dāma-bhūṣitā

17 Kāmeśa-jñāta-saubhāgya-mārdavoru-dvayānvitā
māṇikya-mukuṭākāra-jānu-dvaya-virājitā

18 Indra-gopa-parikṣipta-smara-tūṇābha-jaṅghikā
gūḍha-gulphā kūrma-pṛṣṭha-jayiṣṇu-prapadānvitā

19 Nakha-dīdhiti-sañchanna-namajjana-tamoguṇa
pada-dvaya-prabhā-jāla-parākṛta-saroruhā

20 Śiñjāna-maṇi-mañjīra-maṇḍita-śrī-padāmbujā
marālī-manda-gamanā mahā-lāvaṇya-śevadhiḥ

21 Sarvāruṇā'navadyāṅgī sarvābharaṇa-bhūṣitā
śiva-kāmeśvarāṅkasthā śivā svādhīna-vallabhā

22 Sumeru-madhya-śṛṅgasthā śrīman-nagara-nāyikā
cintāmaṇi-gṛhāntasthā pañca-brahmāsana-sthitā
23 Mahā-padmāṭavī-saṁsthā kadamba-vana-vāsinī
sudhā-sāgara-madhyasthā kāmākṣī kāmadāyinī
24 Devarṣi-gaṇa-saṅghāta-stūyamānātma-vaibhavā
bhaṇḍāsura-vadhodyukta-śakti-senā-samanvitā
25 Sampatkarī-samārūḍha-sindhura-vraja-sevitā
aśvārūḍhādhiṣṭhitāśva-koṭi-koṭibhir-āvṛtā
26 Cakra-rāja-rathārūḍha-sarvāyudha-pariṣkṛtā
geya-cakra-rathārūḍha-mantriṇī-parisevitā
27 Kiricakra-rathārūḍha-daṇḍanāthā-puras-kṛtā
jvālā-mālinikākṣipta-vahni-prākāra-madhyagā

28 Bhaṇḍa-sainya-vadhodyukta-śakti-vikrama-harṣitā
nityā-parākramāṭopa-nirīkṣaṇa-samutsukā

29 Bhaṇḍa-putra-vadhodyukta-bālā-vikrama-nanditā
mantriṇyambā-viracita-viṣaṅga-vadha-toṣitā

30 Viśukra-prāṇa-haraṇa-vārāhī-vīrya-nanditā
kāmeśvara-mukhāloka-kalpita-śrī-gaṇeśvarā

31 Mahā-gaṇeśa-nirbhinna-vighna-yantra-praharṣitā
bhaṇḍāsurendra-nirmukta-śastra-pratyastra-varṣiṇī

32 Karāṅguli-nakhotpanna-nārāyaṇa-daśākṛtiḥ
mahā-pāśupatāstrāgni-nirdagdhāsura-sainikā

33 Kāmeśvarāstra-nirdagdha-sabhaṇḍāsura-śūnyakā
brahmopendra-mahendrādi-deva-saṁstuta-vaibhavā

34 Hara-netrāgni-sandagdha-kāma-sañjīvanauṣadhiḥ
śrīmad-vāgbhava-kūṭaika-svarūpa-mukha-paṅkajā
35 Kaṇṭhādhaḥ-kaṭi-paryanta-madhya-kūṭa-svarūpiṇī
śakti-kūṭaikatāpanna-kaṭyadhobhāga-dhāriṇī
36 Mūla-mantrātmikā mūla-kūṭa-traya-kalebarā
kulāmṛtaika-rasikā kula-saṅketa-pālinī
37 Kulāṅganā kulāntasthā kaulinī kula-yoginī
akulā samayāntasthā samayācāra-tatparā
38 Mūlādhāraika-nilayā brahma-granthi-vibhedinī
maṇipūrāntar-uditā viṣṇu-granthi-vibhedinī
39 Ājñā-cakrāntarālasthā rudra-granthi-vibhedinī
sahasrārāmbujārūḍhā sudhā-sārābhi-varṣiṇī

40 Taḍil-latā-sama-ruciḥ ṣaṭ-cakropari-saṁsthitā
mahā-saktiḥ kuṇḍalinī bisa-tantu-tanīyasī

41 Bhavānī bhāvanāgamyā bhavāraṇya-kuṭhārikā
bhadra-priyā bhadra-mūrtir bhakta-saubhāgya-dāyinī

42 Bhakti-priyā bhakti-gamyā bhakti-vaśyā bhayāpahā
śāmbhavī śāradārādhyā śarvāṇī śarma-dāyinī

43 Śāṅkarī śrīkarī sādhvī śarac-candra-nibhānanā
śātodarī śāntimatī nirādhārā nirañjanā

44 Nirlepā nirmalā nityā nirākārā nirākulā
nirguṇā niṣkalā śāntā niṣkāmā nirupaplavā

45 Nitya-muktā nirvikārā niṣprapañcā nirāśrayā
nitya-śuddhā nitya-buddhā niravadyā nirantarā

46 Niṣkāraṇā niṣkalaṅkā nirupādhir nirīśvarā
nīrāgā rāga-mathanā nirmadā mada-nāśinī

47 Niścintā nirahaṅkārā nirmohā moha-nāśinī
nirmamā mamatā-hantrī niṣpāpā pāpa-nāśinī

48 Niṣkrodhā krodha-śamanī nirlobhā lobha-nāśinī
niḥsaṁśayā saṁśaya-ghnī nirbhavā bhava-nāśinī

49 Nirvikalpā nirābādhā nirbhedā bheda-nāśinī
nirnāśā mṛtyu-mathanī niṣkriyā niṣparigrahā

50 Nistulā nīla-cikurā nirapāyā niratyayā
durlabhā durgamā durgā duḥkha-hantrī sukha-pradā

51 Duṣṭadūrā durācāra-śamanī doṣa-varjitā
sarvajñā sāndrakaruṇā samānādhika-varjitā

52 Sarva-śakti-mayī sarva-maṅgalā sad-gati-pradā
sarveśvarī sarva-mayī sarva-mantra-svarūpiṇī
53 Sarva-yantrātmikā sarva-tantra-rūpā manonmanī
māheśvarī mahā-devī mahā-lakṣmī mṛḍa-priyā
54 Mahā-rūpā mahā-pūjyā mahā-pātaka-nāśinī
mahā-māyā mahā-sattvā mahā-śaktir mahā-ratiḥ
55 Mahā-bhogā mahaiśvaryā mahā-vīryā mahā-balā
mahā-buddhir mahā-siddhir mahā-yogeśvareśvarī
56 Mahā-tantrā mahā-mantrā mahā-yantrā mahāsanā
mahā-yāga-kramārādhyā mahā-bhairava-pūjitā
57 Maheśvara-mahākalpa-mahātāṇḍava-sākṣiṇī
mahā-kāmeśa-mahiṣī mahā-tripura-sundarī

58 Catuḥ-ṣaṣtyupacārāḍhyā catuḥ-ṣaṣṭi-kalāmayī
mahā-catuḥ-ṣaṣṭi-koṭi-yoginī-gaṇa-sevitā
59 Manu-vidyā candra-vidyā candra-maṇḍala-madhyagā
cāru-rūpā cāru-hāsā cāru-candra-kalā-dharā
60 Carācara-jagan-nāthā cakra-rāja-niketanā
pārvatī padma-nayanā padma-rāga-sama-prabhā
61 Pañca-pretāsanāsīnā pañca-brahma-svarūpiṇī
cinmayī paramānandā vijñāna-ghana-rūpiṇī
62 Dhyāna-dhyātṛ-dhyeya-rūpā dharmādharma-vivarjitā
viśva-rūpā jāgariṇī svapantī taijasātmikā
63 Suptā prājñātmikā turyā sarvāvasthā-vivarjitā
sṛṣṭi-kartrī brahma-rūpā goptrī govinda-rūpiṇī

64 Saṁhāriṇī rudra-rūpā tirodhāna-kar'īśvarī
sadā-śivā'nugraha-dā pañca-kṛtya-parāyaṇā
65 Bhānu-maṇḍala-madhyasthā bhairavī bhaga-mālinī
padmāsanā bhagavatī padma-nābha-sahodarī
66 Unmeṣa-nimiṣotpanna-vipanna-bhuvanāvalī
sahasra-śīrṣa-vadanā sahasrākṣī sahasra-pāt
67 Ābrahma-kīṭa-jananī varṇāśrama-vidhāyinī
nijājñā-rūpa-nigamā puṇyāpuṇya-phala-pradā
68 Śruti-sīmanta-sindūrī-kṛta-pādābja-dhūlikā
sakalāgama-sandoha-śukti-sampuṭa-mauktikā
69 Puruṣārtha-pradā pūrṇā bhoginī bhuvaneśvarī
ambikā'nādi-nidhanā hari-brahmendra-sevitā

70 Nārāyaṇī nāda-rūpā nāma-rūpa-vivarjitā
hrīṅ-kārī hrīmatī hṛdyā heyopādeya-varjitā
71 Rāja-rājārcitā rājñī ramyā rājīva-locanā
rañjanī ramaṇī rasyā raṇat-kiṅkiṇi-mekhalā
72 Ramā rākendu-vadanā rati-rūpā rati-priyā
rakṣā-karī rākṣasa-ghnī rāmā ramaṇa-lampaṭā
73 Kāmyā kāma-kalā-rūpā kadamba-kusuma-priyā
kalyāṇī jagatī-kandā karuṇā-rasa-sāgarā
74 Kalāvatī kalālāpā kāntā kādambarī-priyā
varadā vāma-nayanā vāruṇī-mada-vihvalā
75 Viśvādhikā vedavedyā vindhyācala-nivāsinī
vidhātrī veda-jananī viṣṇu-māyā vilāsinī

76 Kṣetra-svarūpā kṣetreśī kṣetra-kṣetrajña-pālinī
kṣaya-vṛddhi-vinirmuktā kṣetra-pāla-samarcitā
77 Vijayā vimalā vandyā vandāru-jana-vatsalā
vāg-vādinī vāma-keśī vahni-maṇḍala-vāsinī
78 Bhaktimat-kalpa-latikā paśu-pāśa-vimocinī
saṁhṛtāśeṣa-pāṣaṇḍā sadācāra-pravartikā
79 Tāpa-trayāgni-santapta-samāhlādana-candrikā
taruṇī tāpasārādhyā tanu-madhyā tamopahā
80 Citis tat-pada-lakṣyārthā cid-eka-rasa-rūpiṇī
svātmānanda-lavī-bhūta-brahmādyānanda-santatiḥ
81 Parā pratyak-citī-rūpā paśyantī para-devatā
madhyamā vaikharī-rūpā bhakta-mānasa-haṁsikā

82 Kāmeśvara-prāṇa-nāḍī kṛtajñā kāma-pūjitā
śṛṅgāra-rasa-sampūrṇā jayā jālandhara-sthitā
83 Oḍyāṇa pīṭha nilayā bindu-maṇḍala-vāsinī
raho-yāga-kramārādhyā rahas-tarpaṇa-tarpitā
84 Sadyaḥ-prasādinī viśva-sākṣiṇī sākṣi-varjitā
ṣaḍ-aṅga-devatā-yuktā ṣāḍ-guṇya-paripūritā
85 Nitya-klinnā nirupamā nirvāṇa-sukha-dāyinī
nityā-ṣoḍaśikā-rūpā śrīkaṇṭhārdha-śarīriṇī
86 Prabhāvatī prabhā-rūpā prasiddhā parameśvarī
mūla-prakṛtir avyaktā vyaktāvyakta-svarūpiṇī
87 Vyāpinī vividhākārā vidyāvidyā-svarūpiṇī
mahā-kāmeśa-nayana-kumudāhlāda-kaumudī

88 Bhakta-hārda-tamo-bheda-bhānumad-bhānu-santatīḥ
śiva-dūtī śivārādhyā śiva-mūrtiḥ śivaṅkarī
89 Śiva-priyā śiva-parā śiṣṭeṣṭā śiṣṭapūjitā
aprameyā svaprakāśā mano-vācām-agocarā
90 Cicchaktiś cetanā-rūpā jaḍa-śaktir jaḍātmikā
gāyatrī vyāhṛtiḥ sandyā dvija-vṛnda-niṣevitā
91 Tattvāsanā tat'vam'ayī pañca-kośāntara-sthitā
niḥsīma-mahimā nitya-yauvanā mada-śālinī
92 Mada-ghūrṇita-raktākṣī mada-pāṭala-gaṇḍa-bhūḥ
candana-drava-digdhāṅgī cāmpeya-kusuma-priyā
93 Kuśalā komalākārā kurukullā kuleśvarī
kula-kuṇḍālayā kaula-mārga-tatpara-sevitā

94 Kumāra-gaṇanāthāmbā tuṣṭiḥ puṣṭir matir dhṛtiḥ
śāntiḥ svasti-matī kāntir nandinī vighna-nāśinī
95 Tejovatī tri-nayanā lolākṣī-kāma-rūpiṇī
mālinī haṁsinī mātā malayācala-vāsinī
96 Sumukhī nalinī subhrūḥ śobhanā suranāyikā
kālakaṇṭhī kānti-matī kṣobhiṇī sūkṣma-rūpiṇī
97 Vajreśvarī vāma-devī vayovasthā-vivarjitā
siddheśvarī siddha-vidyā siddha-mātā yaśasvinī
98 Viśuddhi-cakra-nilayā'rakta-varṇā tri-locanā
khaṭvāngādi-praharaṇā vadanaika-samanvitā
99 Pāyasānna-priyā tvaksthā paśu-loka-bhayaṅkarī
amṛtādi-mahāśakti-saṁvṛtā ḍākinīśvarī

100 Anāhatābja-nilayā śyāmābhā vadana-dvayā
damṣṭrojjvalā'kṣa-mālādi-dharā rudhira-saṁsthitā
101 Kāla-rātryādi-śaktyaugha-vṛtā snigdhaudana-priyā
mahā-vīrendra-varadā rākiṇyambā-svarūpiṇī
102 Maṇipūrābja-nilayā vadana-traya-samyutā
vajrādikāyudhopetā ḍāmaryādibhir-āvṛtā
103 Rakta-varṇā māṁsa-niṣṭhā guḍānna-prīta-mānasā
samasta-bhakta-sukhadā lākinyambā-svarūpiṇī
104 Svādhiṣṭhānāmbuja-gatā catur-vaktra-manoharā
śūlādyāyudha-sampannā pīta-varṇā'ti-garvitā
105 Medo-niṣṭhā madhu-prītā bandhinyādi-samanvitā
dadhyannāsakta-hṛdayā kākinī-rūpa-dhāriṇī

106 Mūlādhārāmbujārūḍhā pañca-vaktrā'sthi-saṁsthitā
aṅkuśādi-praharaṇā varadādi-niṣevitā

107 Mudgaudanāsakta-cittā sākinyambā-svarūpiṇī
ājñā-cakrābja-nilayā śukla-varṇā ṣad-ānanā

108 Majjā-saṁsthā haṁsavatī-mukhya-śakti-samanvitā
haridrānnaika-rasikā hākinī-rūpa-dhāriṇī

109 Sahasra-dala-padmasthā sarva-varṇopaśobhitā
sarvāyudha-dharā śukla-saṁsthitā sarvatomukhī

110 Sarvaudana-prīta-cittā yākinyambā-svarūpiṇī
svāhā svadhā'matir medhā śruti smṛtir anuttamā

111 Puṇya-kīrtiḥ puṇya-labhyā puṇya-śravaṇa-kīrtanā
pulomajārcitā bandha-mocanī barbarālakā

112 Vimarśa-rūpiṇī vidyā viyadādi-jagat-prasūḥ
sarva-vyādhi-praśamanī sarva-mṛtyu-nivāriṇī

113 Agra-gaṇyā'cintya-rūpā kali-kalmaṣa-nāśinī
kātyāyanī kālahantrī kamalākṣa-niṣevitā

114 Tāmbūla-pūrita-mukhī dāḍimī-kusuma-prabhā
mṛgākṣī mohinī mukhyā mṛḍānī mitra-rūpiṇī

115 Nitya-tṛptā bhakta-nidhir niyantrī nikhileśvarī
maitryādi-vāsanā-labhyā mahā-pralaya-sākṣiṇī

116 Parāśaktiḥ parāniṣṭhā prajñāna-ghana-rūpiṇī
mādhvī-pānālasā mattā mātṛkā-varṇa-rūpiṇī

117 Mahākailāsa-nilayā mṛṇāla-mṛdu-dor-latā
mahanīyā dayā-mūrtir mahā-sāmrājya-śālinī

118 Ātma-vidyā mahā-vidyā śrī-vidyā kāma-sevitā
śrī-ṣoḍaśākṣarī-vidyā trikūṭā kāma-koṭikā
119 Kaṭākṣa-kiṅkarī-bhūta-kamalā-koṭi-sevitā
śiraḥsthitā candra-nibhā bhālasth'endra-dhanuḥ-prabhā
120 Hṛdayasthā ravi-prakhyā trikoṇāntara-dīpikā
dākṣāyaṇī daitya-hantrī dakṣa-yajña-vināśinī
121 Darāndolita-dīrghākṣī dara-hāsojjvalan-mukhī
guru-mūrtir guṇa-nidhir go-mātā guha-janma-bhūḥ
122 Deveśī daṇḍa-nītisthā daharākāśa-rūpiṇī
pratipan-mukhya-rākānta-tithi-maṇḍala-pūjitā
123 Kalātmikā kalā-nāthā kāvyālāpa-vinodinī
sacāmara-ramā-vāṇī-savya-dakṣiṇa-sevitā

124 Ādiśaktir ameyā'tmā paramā pāvanākṛtiḥ
aneka-koṭi-brahmāṇḍa-jananī divya-vigrahā
125 Klīṅkārī kevalā guhyā kaivalya-pada-dāyinī
tripurā trijagad-vandyā trimūrtir tridaśeśvarī
126 Tryakṣarī divya-gandhāḍhyā sindūra-tilakāñcitā
umā śailendra-tanayā gaurī gandharva-sevitā
127 Viśva-garbhā svarṇa-garbhā'varadā vāg-adhīśvarī
dhyāna-gamyā'pari-cchedyā jñānadā jñāna-vigrahā
128 Sarva-vedānta-saṁvedyā satyānanda-svarūpiṇī
lopāmudrārcitā līlā-klṛpta-brahmāṇḍa-maṇḍalā
129 Adṛśyā dṛśya-rahitā vijñātrī vedya-varjitā
yoginī yogadā yogyā yogānandā yugandharā

130 Icchā-śakti-jñāna-śakti-kriyā-śakti-svarūpiṇī
sarvādhārā supratiṣṭhā sad-asad-rūpa-dhāriṇī
131 Aṣṭa-mūrtir ajā-jaitrī loka-yātrā-vidhāyinī
ekākinī bhūma-rūpā nirdvaitā dvaita-varjitā
132 Annadā vasudā vṛddhā brahmātmaikya-svarūpiṇī
bṛhatī brāhmaṇī brāhmī brahmānandā bali-priyā
133 Bhāṣā-rūpā bṛhat-senā bhāvābhāva-vivarjitā
sukhārādhyā śubha-karī śobhanā-sulabhā-gatiḥ
134 Rāja-rājeśvarī rājya-dāyinī rājya-vallabhā
rājat-kṛpā rāja-pīṭha-niveśita-nijāśritā
135 Rājya-lakṣmīḥ kośa-nāthā catur-aṅga-baleśvarī
sāmrājya-dāyinī satya-sandhā sāgara-mekhalā

136 Dīkṣitā daitya-śamanī sarva-loka-vaśaṅkarī
sarvārtha-dātrī sāvitrī sac-cid-ānanda-rūpiṇī

137 Deśa-kālāparicchinnā sarvagā sarva-mohinī
sarasvatī śāstramayī guhāmbā guhya-rūpiṇī

138 Sarvopādhi-vinirmuktā sadāśiva-pativratā
sampradāyeśvarī sādhv'ī guru-maṇḍala-rūpiṇī

139 Kulottīrṇā bhagārādhyā māyā madhumatī mahī
gaṇāmbā guhyakārādhyā komalāṅgī guru-priyā

140 Svatantrā sarva-tantreśī dakṣiṇā-mūrti-rūpiṇī
sanakādi-samārādhyā śiva-jñāna-pradāyinī

141 Cit-kalā'nanda-kalikā prema-rūpā priyaṅkarī
nāma-pārāyaṇa-prītā nandi-vidyā naṭeśvarī

142 Mithyā-jagad-adhiṣṭhānā muktidā mukti-rūpiṇī
lāsya-priyā laya-karī lajjā rambhādi-vanditā

143 Bhava-dāva-sudhā-vṛṣṭiḥ pāpāraṇya-davānalā
daurbhāgya-tūla-vātūlā jarā-dhvānta-ravi-prabhā

144 Bhāgyābdhi-candrikā bhakta-citta-keki-ghanāghanā
roga-parvata-dambholir mṛtyu-dāru-kuṭhārikā

145 Maheśvarī mahā-kālī mahā-grāsā mahāśanā
aparṇā caṇḍikā caṇḍa-muṇḍāsura-niṣūdinī

146 Kṣarākṣarātmikā sarva-lokeśī viśva-dhāriṇī
tri-varga-dātrī subhagā tryambakā triguṇātmikā

147 Svargāpavargadā śuddhā japā-puṣpa-nibhākṛtiḥ
ojovatī dyuti-dharā yajña-rūpā priya-vratā

148 Durārādhyā durādharṣā pāṭalī-kusuma-priyā
mahatī meru-nilayā mandāra-kusuma-priyā
149 Vīrārādhyā virāḍ-rūpā virajā viśvato-mukhī
pratyag-rūpā parākāśā prāṇadā prāṇa-rūpiṇī
150 Mārtāṇḍa-bhairavārādhyā mantriṇī-nyasta-rājya-dhūḥ
tripureśī jayat-senā nistraiguṇyā parāparā
151 Satya-jñānānanda-rūpā sāmarasya-parāyaṇā
kapardinī kalā-mālā kāma-dhuk kāma-rūpiṇī
152 Kalā-nidhiḥ kāvya-kalā rasa-jñā rasa-śevadhiḥ
puṣṭā purātanā pūjyā puṣkarā puṣkarekṣaṇā
153 Param-jyotiḥ param-dhāma paramāṇuḥ parāt-parā
pāśa-hastā pāśa-hantrī para-mantra-vibhedinī

154 Mūrtā'mūrtā'nitya-tṛptā muni-mānasa-haṁsikā
satya-vratā satya-rūpā sarvāntar-yāminī satī
155 Brahmāṇī brahma jananī bahu-rūpā budhārcitā
prasavitrī pracaṇḍā'jñā pratiṣṭhā prakaṭākṛtiḥ
156 Prāṇeśvarī prāṇa-dātrī pañcāśat-pīṭha-rūpiṇī
viśṛṅkhalā viviktasthā vīra-mātā viyat-prasūḥ
157 Mukundā mukti-nilayā mūla-vigraha-rūpiṇī
bhāva-jñā bhava-roga-ghnī bhava-cakra-pravartinī
158 Chandaḥ-sārā śāstra-sārā mantra-sārā talodarī
udāra-kīrtir uddāma-vaibhavā varṇa-rūpiṇī
159 Janma-mṛtyu-jarā-tapta-jana-viśrānti-dāyinī
sarvopaniṣad-udghuṣṭā śāntyatīta-kalātmikā

160 Gambhīrā gaganāntaḥsthā garvitā gāna-lolupā
kalpanā-rahitā kāṣṭhā'kāntā kāntārdha-vigrahā

161 Kārya-kāraṇa-nirmuktā kāma-keli-taraṅgitā
kanat-kanaka-tāṭaṅkā līlā-vigraha-dhāriṇī

162 Ajā kṣaya-vinirmuktā mugdhā kṣipra-prasādinī
antar-mukha-samārādhyā bahir-mukha-sudurlabhā

163 Trayī trivarga-nilayā tristhā tripura-mālinī
nir-āmayā nir-ālambā svātmārāmā sudhāsṛtiḥ

164 Saṁsāra-paṅka-nirmagna-samuddharaṇa-paṇḍitā
yajña-priyā yajña-kartrī yajamāna-svarūpiṇī

165 Dharmādhārā dhanādhyakṣā dhana-dhānya-vivardhinī
vipra-priyā vipra-rūpā viśva-bhramaṇa-kāriṇī

166 Viśva-grāsā vidrumābhā vaiṣṇavī viṣṇu-rūpiṇī
ayonir yoni-nilayā kūṭasthā kula-rūpiṇī

167 Vīra-goṣṭhī-priyā vīrā naiṣkarmyā nāda-rūpiṇī
vijñāna-kalanā kalyā vidagdhā baindavāsanā

168 Tattvādhikā tattva-mayī tat-tvam-artha-svarūpiṇī
sāma-gāna-priyā somyā sadāśiva-kuṭumbinī

169 Savyāpasavya-mārgasthā sarvāpad-vinivāriṇī
svasthā svabhāva-madhurā dhīrā dhīra-samarcitā

170 Caitanyārghya-samārādhyā caitanya-kusuma-priyā
sadoditā sadā-tuṣṭā taruṇāditya-pāṭalā

171 Dakṣiṇādakṣiṇārādhyā dara-smera-mukhāmbujā
kaulinī-kevalā’narghya-kaivalya-pada-dāyinī

172 Stotra-priyā stuti-matī śruti-saṁstuta-vaibhavā
manasvinī mānavatī maheśī maṅgalākṛtiḥ
173 Viśva-mātā jagad-dhātrī viśālākṣī virāgiṇī
pragalbhā paramodārā parā-modā manomayī
174 Vyoma-keśī vimānasthā vajriṇī vāmakeśvarī
pañca-yajña-priyā pañca-preta-mañcādhi-śāyinī
175 Pañcamī pañca-bhūteśī pañca-saṅkhyopacāriṇī
śāśvatī śāśvataiśvaryā śarmadā śambhu-mohinī
176 Dharā dhara-sutā dhanyā dharmiṇī dharma-vardhinī
lokātītā guṇātītā sarvātītā śamātmikā
177 Bandhūka-kusuma-prakhyā bālā līlā-vinodinī
sumaṅgalī sukha-karī suveṣāḍhyā suvāsinī

178 Suvāsinyarcana-prītā'śobhanā śuddha-mānasā
bindu-tarpaṇa-santuṣṭā pūrvajā tripurāmbikā
179 Daśa-mudrā-samārādhyā tripurāśrī-vaśaṅkarī
jñāna-mudrā jñāna-gamyā jñāna-jñeya-svarūpiṇī
180 Yoni-mudrā trikhaṇḍeśī triguṇā'mbā trikoṇagā
anaghā'dbhuta-cāritrā vāñchitārtha-pradāyinī
181 Abhyāsātiśaya-jñātā ṣaḍadhvātīta-rūpiṇī
avyāja-karuṇā-mūrtir ajñāna-dhvānta-dīpikā
182 Ābāla-gopa-viditā sarvānullaṅghya-śāsanā
śrīcakra-rāja-nilayā śrīmat-tripura-sundarī
183 Śrī-śivā śiva-śaktyaikya-rūpiṇī lalitāmbikā

Guru Stotram

Hymnus Guruovi

1. Akhaṇḍamaṇḍalākaram/ vyāptam yena carācaram
tatpadam darśitam yena/ tasmai śrī gurave namaḥ

Buď pozdraven, Gurue, jenž nám dáváš nahlédnout do nejvyšší, nerozdělené Podstaty prostupující celým vesmírem vyšších i nižších forem života.

2. Ajñāna timirāndhasya/ jñānāñjana śalākayā
cakṣurunmīlitam yena/ tasmai śrī gurave namaḥ

Buď pozdraven, Gurue, jenž nás šetříš osudu zavržených v temnotě nevědomosti a navracíš nás na stezku Poznání a Pravdy.

3. Gururbrahmā gururviṣṇuḥ/ gururdevo maheśvaraḥ
guru sākṣāt param brahma/ tasmai śrī gurave namaḥ

Buď pozdraven, Gurue, jenž jsi Brahmou, Višnuem i Šivou. Jsi ztělesněním svrchovaného *bráhmán*.

4. Shāvaram jaṅgamam yaāptam/ yatkiñcit sacarācaram
tatpadam darśitam yena/ tasmai śrī gurave namaḥ

Buď pozdraven, Gurue, jenž nám ukazuješ Pravou Podstatu všech bytostí, ať jsou obdařené schopností pohybu či nehybné, živé či mrtvé.

5. Cinmayam vyāpiyat sarvam/ trailokyam sacarācaram
tatpadam darśitam yena/ tasmai śrī gurave namaḥ

Buď pozdraven, Gurue, jenž nám umožňuješ nahlédnout ryzí Inteligenci oživující všechny bytosti ve všech třech světech.

6. Sarva śruti śiroratna/ virājita padāmbujaḥ
vedāntāmbuja sūryo yaḥ/ tasmai śrī gurave namaḥ

Buď pozdraven, Gurue, jehož milostiplná chodidla zdobí drahokamy pravd zjevených ve svatých písmech. Jsi sluncem, jež dává rozkvést květině Poznání.

7. Caitanya śāśvata śānta/ vyomātīto nirañjanaḥ
bindunākalātītāḥ/ tasmai śrī gurave namaḥ

Buď pozdraven, Gurue, jenž jsi samotnou Inteligencí, jenž jsi věčný, jenž spočíváš v dokonalém klidu a blaženosti vymykající se prostoru a času, jenž jsi ničím nezatížen a nacházíš se za obzorem všech zvuků a zrakových vjemů.

8. Jñānaśakti samārūḍhaḥ/ tattvamālā vibhūṣitaḥ
bhukti mukti pradātā ca/ tasmai śrī gurave namaḥ

Buď pozdraven, Gurue, jenž vládneš silou Poznání, jenž jsi ověnčen náhrdelníkem z drahokamů Pravdy a rozhoduješ o našem blahobytu a duchovním osvobození.

9. Anekajanma samprāpta/ karmabandha vidāhine
ātma jñānā pradānena/ tasmai śrī gurave namaḥ

Buď pozdraven, Gurue, jenž přinášíš světlo Poznání, a činíš tak přítrž zlému osudu, jež nás pronásledoval v bezpočtu zrození.

10. Śoṣaṇam bhavasindhośca/ jñāpanam sārasampadaḥ
guroḥ pādodakam samyak/ tasmai śrī gurave namaḥ

Buď pozdraven, Gurue! Posvátná voda, v níž jsi smočil svá chodidla, vysouší oceán iluze a odhaluje Pravdu a jediné skutečné štěstí.

11. Na guroradhikam tattvam/ na guroradhikam tapaḥ tattvajñānāt param nāsti/ tasmai śrī gurave namaḥ

Není pravdy vyšší než Tvé, Gurue! Není odříkání vyššího než Tvého, Gurue! Není poznání většího než Tvého, Gurue! Buď pozdraven!

12. Mannāthaḥ śrī jagannāthaḥ/ madguruḥ śrī jagadguruḥ madātmā sarvabhūtātmā/ tasmai śrī gurave namaḥ

Můj Pane, jsi Pánem celého vesmíru. Můj Gurue, jsi Guruem tří světů. Má duše, jsi duší všech živých bytostí. Buď pozdraven, Gurue!

13. Gurur ādiranādiśca guruḥ/ paramadaivatam// guroḥ paratarам nāsti/ tasmai śrī gurave namaḥ

Ačkoli žiješ, nikdy ses nenarodil. Jsi Svrchovanou Pravdou, velký Gurue! Předčíš vše ostatní ve vesmíru. Buď pozdraven!

14. Tvameva mātā ca pītā tvameva/ tvameva bandhuś-ca sakhā tvameva
tvameva vidyā draviṇam tvameva/ tvameva mama-dev-deva

Jsi mou Matkou i mým Otcem jsi, jsi mou rodinou i mým přítelem jsi,

jsi mým učením i mým bohatstvím jsi, jsi pro mě vším, můj jediný Bože!

Bhagavad Gītā – patnáctý zpěv

V Amritapuri recitován před každým jídlem spolu s Mantrou oběti

Atha pañcadaśo'dhyāyaḥ puruśottama yogaḥ

Patnáctý zpěv: „Cesta moudrosti"

Śrī bhagavān uvāca

Kršna pravil:

1. Ūrdhva-mūlam adhaḥ-śākham/aśvatthaṁ prāhur avyayam chandāṁsi yasya parṇāni/yas taṁ veda sa veda-vit

Život je věčný fíkovník, jenž má kořeny nahoře v nebi a větve dole u země. Posvátné chvalozpěvy jsou jeho listy. Kdo zná tento strom, je znalcem véd.

2. Adhaś cordhvaṁ prasṛtās tasya śākhā/guṇa-pravṛddhā viṣaya-pravālāḥ
adhaś ca mūlāny anusantatāni/karmānubandhīni manuṣya-loke

Větvemi sahá tento strom k nebi i k zemi. Jeho mízou jsou tři přírodní vlastnosti, které urychlují rašení jeho pupenů. Kořeny tohoto stromu pronikají k lidskému srdci a dávají podnět k činům dobrým i zlým.

3. Na rūpam asyeha tathopalabhyate/nānto na cādir na ca sampratiṣṭhā
aśvattham enaṁ su-virūḍha-mūlam/asańga-śastreṇa dṛḍhena chittvā

Lidské oči nevidí změny v jeho koruně, ani jeho vrchol, ani jeho počátek, ani to, co jej udržuje a podpírá. Ty však ostrou sekyrou lhostejnosti rozštípni ve dví tento pevně zakořeněný strom klamu,

4. Tataḥ padaṁ tat parimārgitavyaṁ/yasmin gatā na nivartanti bhūyaḥ
tam eva cādyaṁ puruṣaṁ prapadye/yataḥ pravṛttiḥ prasṛtā purāṇī

abys našel cíl, od něhož se moudrý člověk nikdy neodchyluje! Neboť Já nesídlím v tomto věčně rostoucím stromě, nýbrž v onom nekořenném jádru, z něhož tento velikán vyklíčil.

5. Nirmāna-mohā jita-saṅga-doṣā/adhyātma-nityā vinivṛtta-kāmāḥ dvandvair vimuktāḥ sukha-duḥkha-saṁjñair/gacchanty amūḍhāḥ padam avyayaṁ tat

V onom jádru, v oné Věčné Podstatě sídlí ti osvícení, kteří se oprostili od klamu, pýchy a lidských pout, od dobra a zla, od radosti a strasti, a kteří žijí ve skutečném Já, zhasivše navždy lampu svých žádostí.

6. Na tad bhāsayate sūryo/na śaśāṅko na pāvakaḥ yad gatvā na nivartante/tad dhāma paramaṁ mama

Kde slunce nezáří, kam ani měsíc nevchází a kde ani jiný oheň neplane, tam je Mé nejzazší obydlí. Kdo k němu dospěl, nikdy se nevrací.

7. Mamaivāṁśo jīva-loke/jīva-bhūtaḥ sanātanaḥ manaḥ-ṣaṣṭhānīndriyāṇi/prakṛti-sthāni karṣati

Rodím se v lidské duši jako zlomek věčnosti a vábím k sobě pět smyslů a mysl tkvící v přírodě. Takto zahalen dlím v každém člověku.

8. Sariram yad avapnoti/yac capy utkramatishvarah
grhitvaitani samyati/vayur gandhan ivasayat

Jako vítr vane nad květinou a odvívá její vůni, tak i Věčný Duch přenáší ze života do života tresť Nejvyššího.

9. Śrotraḿ cakṣuḥ sparśanaḿ ca/rasanaḿ ghrāṇam eva ca
adhiṣṭhāya manaś cāyaḿ/viṣayān upasevate

Neboť On dlí ve sluchu, zraku, hmatu, chuti a čichu a citlivé mysli, a tak poznává svět.

10. Utkrāmantaḿ sthitaḿ vāpi/bhuñjānaḿ vā guṇānvitam
vimūḍhā nānupaśyanti/paśyanti jñāna-cakṣuṣaḥ

Pošetilci nepozorují, jak duch přechází z těla do těla, jak v něm sídlí a jak se těší z podívané na hru přírody a její vlastnosti. Jen ti, kdož mají oči osvíceny moudrostí, poznávají jeho přítomnost.

11. Yatanto yoginaś caiman/paśyanty ātmany avasthitam
yatanto 'py akṛtātmāno/nainaḿ paśyanty acetasaḥ

Ti, kteří vedou odříkavý život, to vše jasně vidí. Ale běda! Lidé, kteří podlehli kouzlu klamu a jejichž mysl není očistěna, nepoznávají Pravdu, i když si ukládají mnohá odříkání.

12. Yad āditya-gataṁ tejo/jagad bhāsayate 'khilam
yac candramasi yac cāgnau/tat tejo viddhi māmakam

Věz, že Mou slávou je sláva slunce, které osvětluje celý svět, Mým světlem je světlo měsíce a Mou září je zář ohně!

13. Gām āviśya ca bhūtāni/dhārayāmy aham ojasā
puṣṇāmi cauṣadhīḥ sarvāḥ/somo bhūtvā rasātmakaḥ

Zúrodňuji zemi svou silou, která udržuje všechny věci. Každá bylina je živena Mou stříbrnou životní trestí, jíž je naplněn kalich měsíce.

14. Ahaṁ vaiśvānaro bhūtvā/prāṇināṁ deham āśritaḥ
prāṇāpāna-samāyuktaḥ/pacāmy annaṁ catur-vidham

Stávám se ohněm života, žiji ve všech tvorech a jsem jejich dechem. Živím v nich sebe sama.

15. Sarvasya cāhaṁ hṛdi sanniviṣṭo/mattaḥ smṛtir jñānam apohanaṁ ca vedaiś ca sarvair aham eva vedyo/vedānta-kṛd veda-vid eva cāham

Jsem srdcem všech bytostí, jejich pamětí a jejich vnímáním. Sídlím v nich i tehdy, když je paměť a smysly opustily, jsem cílem všeho chápání. Jsem první mezi posvátnými knihami, vší Moudrostí a svědkem všeho Vědění.

16. Dvāv imau puruṣau loke/kṣaraś cākṣara eva ca kṣaraḥ sarvāṇi bhūtāni/kūṭa-stho 'kṣara ucyate

Každá bytost je dvojí – věčná a přechodná. Zhmotnělý projev je prchavý, ale Moje jemná nepostižitelná skutečnost trvá navěky!

17. Uttamaḥ puruṣas tv anyaḥ/paramātmety udāhṛtaḥ yo loka-trayam āviśya/bibharty avyaya īśvaraḥ

Nade vším však přebývá ono svrchované vědomí, nedělitelná bytost a neměnný Pán, jenž proniká všemi světy a všechny světy udržuje.

18. Yasmāt kṣaram atīto 'ham/akṣarād api cottamaḥ
ato 'smi loke vede ca/prathitaḥ puruṣottamaḥ

Protože překonávám pomíjivé a jsem i za nepomíjejícím, oslavují Mě védy jako Nejvyššího.

19. Yo mām evam asammūḍho/jānāti puruṣottamam
sa sarva-vid bhajati māḿ/sarva-bhāvena bhārata

Kdo Mě ctí ve všech tvarech a způsobech života, ten, ó potomku králů, dosáhl veškeré moudrosti!

20. Iti guhya-tamaḿ śāstram/idam uktaḿ mayānagha
etad buddhvā buddhimān syāt/kṛta-kṛtyaś ca bhārata

Odhalil jsem ti, nevinný Ardžuno, tajemství všech tajemství. Kdo mu porozumí, osvojí si nejvyšší moudrost a splní všechny své povinnosti!

Om tat sat, iti śrīmad bhagavadgītāsu/upaniṣadsu brahma vidyāyām yoga śāstre śrī kṛṣṇārjuna saṁvāde/puruṣottama yogo nāma pañcadaśo'dhyāyaḥ

Tak v upanišádě zpívané Pánem, pojednání o Brahma, svatý text jógy, rozhovor mezi Šrí Krišnou a Ardžunou ukončuje patnáctou kapitolu s názvem „Jóga Nejvyššího Člověka".

Om sarva-dharmān parityajya/mām ekaṁ śaraṇaṁ vraja
aham tvāṁ sarva-pāpebhyo/mokṣayiṣyāmi mā śucaḥ

Zanech všech jiných povinností a přikázání, zcela se Mi odevzdej a následuj Mne! Chci tě vysvobodit z hříchu. Buď proto dobré mysli!

(Osmnáctý zpěv: verš 66)

Yagna Mantra

Mantra oběti, Bhagavad-Gíta 4, 24

Mantra tradičně recitována před jídlem

Om

Brahmārpaṇam brahma havir
brahmāgnau brahmaṇā hutam
brahmaiva tena gantavyam
brahma karma samādhinā

Om śāntiḥ śāntiḥ śāntiḥ
Om śrī gurubhyo namaḥ
harī om

Činy osvobozeného člověka, který není poután proměnami hmotné přírody, jehož myšlení je založeno na poznání Mé podstaty a který jedná v Mém zájmu, se zcela rozplynou ve Mně.

Jeho oběť je brahma, jeho obřad je brahma a jeho lopota je brahma. Oheň, jenž ho stravuje, je brahma, poněvadž sám splynul s brahma.

Óm, pokoj, pokoj, pokoj!

Óm, odevzdávám se Ti, laskavý Gurue! Hari óm!

Ārati

Hymnus Ammě zpívaný během árati (rituál s olejovou lampou prováděný před Guruem, jenž má očistit náš pohled).

1. Om jaya jaya jagad jananī vande amṛtānandamayī
maṇgaḷa ārati mātaḥ bhavāni amṛtānandamayī
mātā amṛtānandamayī

Sláva Tobě, Matko vesmíru! Z oddannosti se před Tebou skláním, Amritánandamají! Tobě náleží všechna přízeň, již přináší toto árati, Matko Bhavání! Amritánandamají!

2. Jana mana nija śukhadāyaini mātā amṛtānandamayī
maṇgaḷa kāriṇi vande jananī amṛtānandamayī
mātā amṛtānandamayī

Tobě blahořečíme, jež přinášíš pravé štěstí, Tobě, jež dáváš vše dobré! Amritánandamají!

3. Sakalāgama niga mādiṣu carite amṛtānandamayī
nikhilāmaya hara jananī vande amṛtānandamayī
mātā amṛtānandamayī

Tebe opěvují védy a svatá písma. Buď pozdravena Ty, jež přinášíš konec všemu utrpení! Amritánandamají!

4. Prema rasāmṛta varṣini mātā amṛtānandamayī
prema bhakti sandāyini mātā amṛtānandamayī
mātā amṛtānandamayī

Z Tebe prýští nektar Lásky, jsi pramenem nepodmíněné Lásky. Amritánandamají!

5. Śamadama dāyini manalaya kāriṇi amṛtānandamayī
satatam mama hṛdi vasatām devi amṛtānandamayī
mātā amṛtānandamayī

Tobě vděčíme za kontrolu nad naším vnitřním prožíváním a vnějšími projevy. Matko, jež rozpouštíš mysl, přijď a zůstaň v mém srdci! Amritánandamají!

6. Patitoddhāra nirantara hṛdaye amṛtānandamayī
paramahamsa pada nilaye devī amṛtānandamayī
mātā amṛtānandamayī

V Tvém srdci je jediný cíl, pozvednout ty, kdož se od Tebe odvrátili. Spočíváš ve stavu paramahamsa, věčné Jednotě se Skutečností. Amritánandamají!

7. He jananī jani maraṇa nivāriṇi amṛtānandamayī
he śrita jana paripālini jayatām amṛtānandamayī
mātā amṛtānandamayī

Matko, jež přinášíš konec věčnému rození a umírání, jež se staráš o všechny ty, kdož hledají Tvou ochranu. Amritánandamají!

8. Sura jana pūjita jaya jagadambā amṛtānandamayī
sahaja samādhi sudanye devī amṛtānandamayī
mātā amṛtānandamayī

Tebe uctívají bohové, Tebe, jíž nic neschází a jež spočíváš v přirozeném stavu samádhí (blaženosti). Amritánandamají!

9. Om jaya jaya jagad jananī vande amṛtānandamayī
maṇgaḷa ārati mātaḥ bhavāni amṛtānandamayī
mātā amṛtānandamayī

Sláva Tobě, Matko vesmíru! Z oddannosti se před Tebou skláním, Amritánandamají! Tobě náleží všechna přízeň, již přináší toto árati, Matko Bhavání! Amritánandamají!

Jai bolo sadguru mātā amṛtānandamayī devī kī

(Předzpěv) Sláva Tobě, Amritánandamají, jež učíš věčné Pravdě!

Jai!

(Odpověď) Sláva!

Závěrečné modlitby

Om asatomā sadgamaya
tamasomā jyotirgamaya
mṛityormā amṛtamgamaya
om śāntiḥ śāntiḥ śāntiḥ

Vyveď nás ze lži k Pravdě,
z temnoty ke Světlu,
ze smrti k Nesmrtelnosti.
Óm, Svatý pokoj!

Om lokāḥ samastāḥ sukhino bhavantū
lokāḥ samastāḥ sukhino bhavantū
lokāḥ samastāḥ sukhino bhavantū
om śāntiḥ śāntiḥ śāntiḥ

Kéž jsou všechny bytosti ve všech světech šťastny!
Óm, Svatý pokoj!

Om pūrṇamadaḥ pūrṇamidam
pūrṇāt pūrṇamudacyate
pūrṇasya pūrṇamādāya
pūrṇam-evā-vaśiśyate
om śāntiḥ śāntiḥ śāntiḥ

Úplnost je Dokonalostí. Dokonale Úplné je To Tam,
neboť To Tam ve své Nekonečnosti v sobě obsahuje vše
Plné dokonalosti je i Toto zde, které z Toho Tam pochází
Vyjde-li z Úplného Úplné, Dokonalost je výsledkem
Vnoří-li se Úplné do Té Plnosti, Dokonalost je Úplností.
Óm, Svatý pokoj!

Om śrī gurubhyo namaḥ
harī om

Óm, odevzdávám se Ti, laskavý Gurue! Hari óm!

Amṛteśvari Mangalam

Zpěv uzavírající Déví Bhava

Amṛteśvari maṅgaḷam
praṇamatām muktiprade maṅgaḷam
bhuvaneśvari maṅgaḷam
sukṛtinām ekāśraye maṅgaḷam

Amritešvari,
Ty, jež přinášíš osvobození,
Bohyně vesmíru,
Matko, jež jsi útočištěm vznešených duší,
kéž vše prostoupí Tvá přízeň!

Hṛdayeśvari maṅgaḷam
hṛdilasa tejo mayi maṅgaḷam
mṛdu bhāṣiṇi maṅgaḷam
vijayatām prema kṛte maṅgaḷam

vijayatām prema kṛte maṅgaḷam
vijayatām prema kṛte maṅgaḷam

Bohyně Srdce,
Ty, jež vyzařuješ ze srdce jako světlo,
Něžně rozmlouvající Matko,
Sláva Tobě, jež jsi ztělesněním Lásky,
kéž vše prostoupí Tvá přízeň!

Gájatrí mantra

Mantra zasvěcená bohyni Gájatrí, Matce véd

Bhūr bhūvaḥ svaḥ
tat savitur vareṇyam
bhargo devasya dhīmahi
dhiyo yonaḥ pracodayāt

Meditujme o božském Slunci,
jež ve své zářivé nádheře vše oživuje. Těž vnese světlo do našich myslí!

Výslovnost

Samohlásky *o* a *e* se v sanskrtu vyslovují vždy dlouze i bez označení délky. Samohlásky dlouhé (ī, ā, apod.) se vyslovují dvakrát déle než samohlásky krátké. Diftong *ai* má výslovnost *[ej]*. Nosovky *ṁ, ṅ* nazalizují předchozí samohlásku, jako ve slově *banka, pampa.*

Většina souhlásek může mít silný přídech *(kh)* nebo být bez přídechu *(k).* Přídech je součástí souhlásky, níže uvedené příklady jsou pouze přibližným vodítkem.

aḥ, iḥ, uḥ jako	a**ha**, **ihi**, u**hu**
kh jako	Ec**kh**art
gh jako	**Gh**ana
c, ch jako	č*elo*
j jako	**dž**in
ñ jako	kaňon
ḍ, ṭ, ṇ jako	***d, t, n***

y	jako	**j**etel
v	jako	jako anglické ***w*** *(when)*
ṣ, ś	jako	jako š

Správná výslovnost vyžaduje jistý cvik. Amma tvrdí, že Božská Matka nám porozumí i přesto, že naše výslovnost nebude dokonalá.

www.ingramcontent.com/pod-product-compliance
Lightning Source LLC
LaVergne TN
LVHW051549080426
835510LV00020B/2914
* 9 7 8 1 6 8 0 3 7 8 3 9 9 *